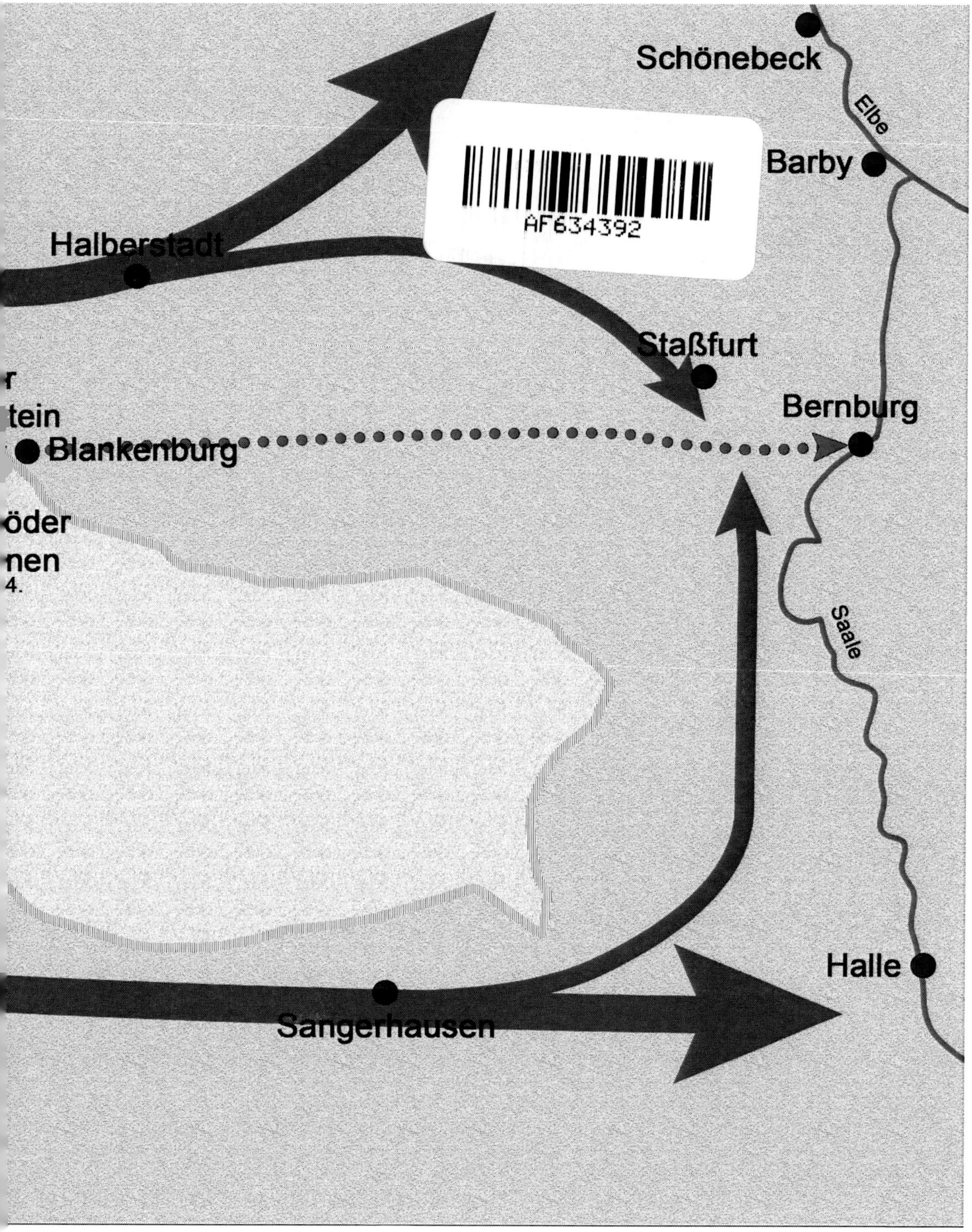

Angriffsrichtung amerikanischer Armeen

Andreas Pawel

Festung Harz

Der Todeszug der 11. Armee

Verlag Bussert & Stadeler
Jena · Quedlinburg

Bibliografische Information der Deutschen Nationalbibliothek
Die Deutsche Nationalbibliothek verzeichnet diese Publikation in der Deutschen Nationalbibliografie; detaillierte bibliografische Daten sind im Internet über http://dnb.d-nb.de abrufbar.

Zum Gedenken an Rudolf M.

Ein besonderer Dank gebührt Sigrid, Claudia und Martin.

www.bussert-stadeler.de
2.Auflage

Cover: DieseDrei Kreativagentur, www.diesedrei.de
Gesamtherstellung: Satzart Plauen
Printed in Germany
ISBN: 978-3-942115-32-2

»Wer vor der Vergangenheit die Augen schließt,
verliert den Sinn für die Gegenwart«

Richard von Weizsäcker

Inhalt

V

Anhang

Vorwort

Siebzig Jahre sind vergangen, seit der Schlachtenlärm des Krieges im Harz verklungen ist. Nachdem 1945 eine Kriegsfurie ohne Gleichen das Gebirge überrollte, versinkt die Erinnerung daran jetzt langsam im Dunkel der Geschichte. Nun aber liegt ein Buch vor, das von den dramatischen Ereignissen im April des Jahres 1945 berichtet.

Die allermeisten Geschehnisse haben sich exakt so zugetragen; nur ein Handlungsstrang führt in die Welt der Fiktion. Der Bericht von den letzten 20 Tagen der 11. Armee ist also durchaus authentisch, und doch stellt sich im Detail die Frage: Was ist fabulierte Wahrheit; was ist möglich gewesen und was wirklich?

So ist am Ende ein fiktionaler Tatsachenreport entstanden; legitimiert und gespeist aus einer unüberschaubaren Zahl von Erlebnisberichten betroffener Zivilisten und Kriegsteilnehmer. Die Sammlung solcher Berichte durch den Autor begann etwa 1975. In dieser Zeit wurden die furchtbaren Erlebnisse und Traumata noch durch die Generation unserer Väter mündlich tradiert. Oftmals hörte man: Wenn vor Stalingrad bloß der Winter nicht so früh und dann so hart gewesen wäre, wer weiß...

Wir Nachgeborenen wissen es besser und haben hinzu gelernt.

Aber heute sind kompetente Zeitzeugen schon äußerst rar geworden. Andererseits öffnet sich jetzt so manches Archiv. Man kann allein aus den ins Netz gestellten Ortschroniken ein ungefähres Lagebild dieses dramatischen Frühjahrs erstellen. Nachdem ab 1989 eine beachtliche Anzahl von Einzeluntersuchungen zum Thema erschienen sind, soll deshalb hier versucht werden, erstmals eine zusammenfassende Darstellung der Abläufe rund um die Harzfestung zu geben. Dabei handelt es sich lediglich um einen Zeitraum von ungefähr 20 Tagen. Allerdings waren das 20 mörderische Tage.

Es sind kaum Sachzeugnisse aus diesen Tagen erhalten, und kein Schauplatz erinnert offiziell an das mörderische Ringen zwischen der 11. deutschen Armee und der 1. und 9. amerikanischen Army. Nicht immer waren das offene Kämpfe. Wie 300 Jahre zuvor die Harzschützen, kämpften viele deutsche Soldaten im Stil von Guerilla-Kämpfern, in kleinen Trupps unter Ausnutzung jeder Deckung im felsigen Harz.

Dieser Kampf war eigentlich schon zur Zeit der Aufstellung der 11. Armee entschieden. Im März 1945 hatte das alliierte Expeditionskorps den Rhein überschritten, um anschließend sehr schnell das Ruhrgebiet mit dem größten Teil der Heeresgruppe B einzuschließen. Es war ab März nicht nur den Strategen im OKW, sondern jedem auch nur taktisch denkenden deutschen Militär klar, daß die Westfront nicht mehr zu halten war. Der Haltebefehl für die Weser-Linie, später die Leine-Linie und am Ende die Festung Harz resultierte ausschließlich aus Hitlers absolut konsequenter Verweigerung jedweden Kapitulationsgedankens. Auf dem Weg der britischen und amerikanischen Armeen in Richtung der Reichshauptstadt Berlin lag nur noch eine ernsthafte natürliche Verteidigungsbarriere – das Harzgebirge. Den Harz zur militärischen Festung zu erklären war rational nicht mehr zu rechtfertigen, erfüllte aber Hitlers Willen. Mit verschiedenen Suggestionen konnte bis zum letzten Tag die Disziplin der Soldaten aufrechterhalten werden. In den ersten Apriltagen war es das Ansinnen, den Aufmarschraum der 12. Armee unter General Wenk freizuhalten. Danach klammerte man sich an den bevorstehenden Einsatz der Wunderwaffen und ganz zum Schluß plante das Armeeoberkommando halbherzig einen Ausbruchsversuch nach Osten.

Die Harzschlacht war die letzte nennenswerte Abwehraktion im Westen des Reichsgebietes. Die Festung Harz, selbst eine Chimäre, hat unsägliche Anstrengungen und groteske Fehlentscheidungen hervorgebracht und am Ende Tod und Leid auf allen Seiten. Im 30-jährigen Krieg stellte Feldmarschall Tilly beim Zug über den Harz 1626 erschaudernd fest, daß er »noch nie so viel Tote zusammen gesehen habe«. 300 Jahre später bedeckten mehr als 10.000 Tote das Harzer Schlachtfeld. Die Gräber der gefallenen deutschen Soldaten finden sich in vielen Orten des Harzes.

Möge diese wundervolle deutsche Landschaft solches Schlachten niemals wieder erleben.

Andreas Pawel

I

3. April 1945, Bahnhof Rübeland

»Des Generalfeldmarschalls Befehlszug kommt reichlich spät«, bemerkte der Vorsteher des Bahnhofs Rübeland, Eppers, etwas spitz, »von Mühlhausen bis Blankenburg hat es für diesen Zug dreimal Luftalarm gegeben, ganz als ob die Allies es speziell auf Kesselring abgesehen hätten. Nur mit viel Glück ist sein Befehlssonderzug dann in Blankenburg angekommen. Hier mußte das Bahnhofspersonal dem Zugoffizier klarmachen, daß ein Lokwechsel nötig ist. Die starke Steigung hoch nach Hüttenrode schaffen eben nur unsere 95-iger; für Sie zur Erklärung: das sind spezielle Bergloks.«

Eppers Gesicht rötete sich, je mehr er sich ereiferte. Trotz der kühlen Außentemperatur schwitzte er ordentlich. Die Anspannung wegen des außerordentlichen Besuches auf seinem Bahnhof verursachte offensichtlich bei ihm körperliches und seelisches Unbehagen. Der Feldwebel beobachtete ihn interessiert, als er fortfuhr: »Dann der ungeplante Zwischenhalt in Hüttenrode. An den Zug waren Waggons mit vier Panzern angehängt. Stellen Sie sich das mal vor: Königstiger! Sicher als Mitgift für seine neue Armee. Die dortige Rampe ist die einzige Möglichkeit hier, solche Kawenzmänner abzuladen. Und zuletzt die Suche nach einem getarnten Standort. Wir sollten Vorschläge machen. Aber wie sollte das gehen, frage ich Sie? Immerhin gibt es einen Fahrplan und der ist für uns ehernes Gesetz! Es war ein ziemliches Theater. Die Wehrmacht wollte den Zug in den Krumme Grube Tunnel abstellen; das hätte die Strecke auf Tage blockiert! Endlich wurde ein Abstellort im Gleisabschnitt Richtung Drei Annen Hohne gefunden, denn auf dieser Strecke ist kein Güterverkehr drauf. Überhaupt, so einen D-Zug hatten wir hier noch gar nicht. Den will ich mir nachher mal näher ansehen.«

Der Fahrer hörte dem aufgeregten Gerede des Vorstehers belustigt zu. Für ihn war solche Aufregung nichts Besonderes. Leicht gelangweilt bemerkte er anschließend: »Ist alles gut und schön, aber unsereiner steht sich die Beine in den Bauch.« Der als ortskundiger Fahrer für den Oberbefehlshaber abkommandierte Feldwebel schaute ein wenig neidvoll drein. »Aber ich muß schon sagen, schön habt ihr es hier! Man könnte direkt Urlaub machen. Gar nicht verkehrt vom Generalfeldmarschall, hier sein Hauptquartier aufzuschlagen.« Eppers, dem seit Tagen seine gewohnte Ruhe genommen war, bemerkte mißbilligend: »Den ganzen Vormittag nur Telefonate. Dann der Auftritt des Zugoffiziers! Der wollte anfangs nichts von meinen Argumenten hören, hielt mir seinen Sonderausweis unter die Nase. Unterschrieben vom OKW-Chef Generalfeldmarschall Keitel und Reichsbahnminister Dorpmüller. Was willst du da noch sagen? Da nimmt man unwillkürlich Haltung an! Als es dann laut wurde, kam glücklicherweise der Ingenieur Kunze vom Sonderausschuß der Mittelwerke Nordhausen vorbei. Die sind hierher, in unser Rübeland, verlagert worden. Der zeigte nun auch einen Sonderausweis vor, allerdings mit der Unterschrift von Rüstungsminister Speer. Da wurde es dann friedlicher. Also war die Einquartierung der Dienststelle Mittelwerk hier im Bahnhof Rübeland doch nicht so verkehrt.«

Bahnhofsvorsteher Eppers wäre noch viel aufgebrachter gewesen, hätte er erfahren, daß der Stab des GFM ernstlich erwog, den Führungsstab aus dem Zug auszuladen und in die Rübeländer Tropfsteinhöhle einzuquartieren. Aber auch dieser Vorschlag wurde verworfen, schon wegen ungenügender Nachrichtenverbindungen. Die Fernsprechzentrale ließ sich nicht in die Höhle verlagern.

Das Telefon klingelte. »Jawohl! Meldung verstanden.«

»Herr Feldwebel, länger brauchen Sie nicht zu warten. Der Generalfeldmarschall ist von Mühlhausen mit dem Auto direkt zum Gefechtsstand von General Hitzfeld gefahren. Rückkehr zum Befehlszug ungewiß.« »Auch gut, dann fahre ich nach Blankenburg zur Kaserne zurück.« »Dann gute Fahrt.« Der Feldwebel ging zum Parkplatz seines Wehrmachts-Opels und der Vorsteher sah ihm nachdenklich hinterher. In welch unruhigen Zeiten man doch lebte!

2. April, Ostermontag, Rathaussaal zu Mühlhausen

Der Generalfeldmarschall blickte erfreut auf die kleine Gruppe von Offizieren vor ihm. »Melde gehorsamst, wir sind die Vorausabteilung des Armeeoberkommandos 11.« Oberst Estor begrüßte den Oberbefehlshaber West und meldete: »Sind im Landmarsch von Neustrelitz zur neuen Verwendung bis hierher gekommen. Suchen Kontakt zu General Hitzfeld.« Kesselring war gut gelaunt. »Da kann ich Ihnen aber sehr schnell helfen. Sie kommen mit mir!« Der kleine, untersetzte Albert Kesselring lächelte leicht. Nur wenige wußten, daß er aufgrund eines früheren Nervenleidens permanent lächelte. Die Engländer nannten ihn deswegen insgeheim Smiley Albert. In Italien war er bis zum Abfall des Bündnispartners oberster Verbindungsoffizier und von deutscher Seite verantwortlich für Rommels Nachschub über das Mittelmeer. Da gab es für ihn allerdings nichts zu lachen. Hitler schätzte ihn wegen seiner energischen Führungsqualitäten. Erst kürzlich war er zum Oberbefehlshaber (OB) West ernannt worden. In dieser Eigenschaft hatte er den Oberbefehl über die gesamte Westfront, auch als diese hinter die Reichsgrenze zurückfiel und zerbrach. Nach der Vereinigung sowjetischer und amerikanischer Armeen am 25. April 1945 bei Torgau an der Elbe wurde diese Funktion in OB Süd umbenannt.

Die Gruppe im Rathaus von Mühlhausen, die auf der Herfahrt in den verheerenden Bombenangriff in Nordhausen geraten und dort auseinandergesprengt wurde, reihte sich mit ihren Fahrzeugen hinter dem großen Horch, der den Stander des Oberbefehlshabers West an den vorderen Kotflügeln führte, in dessen Kolonne ein.

Viele Stabsoffiziere waren in den vergangenen Wochen Teilnehmer der Abwehrschlachten im Westen gewesen. Bedeutend war die Schlacht im Hürtgenwald von Oktober bis Februar. Sie endete ohne klaren Erfolg. Die letzte große Offensive im Westen war die Schlacht im winterlichen Ardennengebirge. Dort gelang es zum letzten Mal, einen militärischen Erfolg herbeizuführen. Bis Weihnachten 1944 tönten die Siegesfanfaren, bald darauf kam der Vormarsch aber zum Stehen. Als dann der bisher wolkenverhangene Winterhimmel aufriß, kamen zusammen mit einer kolossalen Wintersonne die amerikanischen Jagdflieger und errangen sofort mit ihrer Lufthoheit auch die Herrschaft auf dem Schlachtfeld. Ein Gegenschlag der deutschen Luftwaffe führte nicht zur gewünschten Ausschaltung des Gegners. Bis Anfang Februar 1945 eroberten die Amerikaner den deutschen Geländegewinn wieder zurück. Als am 7. März auch noch die Ludendorff-Brücke unversehrt in die Hände der Alliierten fiel, nutzten sie die Chance den Rhein zu überqueren sofort. Die Heeresgruppe B wurde im Ruhrgebiet eingeschlossen und somit ausgeschaltet. Diese Kämpfe bildeten gewissermaßen die Götterdämmerung des Reiches im Westen.

Generalfeldmarschall Kesselring hatte seinen Befehlszug, mit dem er am 27. März vom Führerbunker Adlerhorst bei Bad Nauheim aufgebrochen war und dann über Fulda und Rheinhardsbrunn heute hier ankam, gleich in sein neues Hauptquartier in Blankenburg abfahren lassen. Er selbst wollte sich einen direkten Überblick über die westwärts stehenden Verbände verschaffen. Daher ging die Fahrt über die Reichsstraße 80 nach Witzenhausen, wo er den Abschnittskommandeur General Hitzfeld anzutreffen hoffte.

2. April, Witzenhausen, Ortsteil Gertenbach

Genau an der Landesgrenze zu Hessen, unterhalb der alten Burgruine Hanstein erwartete eine Wehrmachtsstreife die Kolonne. Der Streifenführer stand auf der Straße und gebot mit seiner Kelle dem Führungsfahrzeug anzuhalten.

»Melde gehorsamst, wir sollen Sie zum Gefechtsstand von General Hitzfeld geleiten. Etwa 12 km.« »Danke, Herr Oberleutnant, und nun mal zügig los, wir wollen pünktlich zum Mittagessen dort sein.« »Zu Befehl. Aufsitzen.« Der Streifenführer ließ den Motor seiner Fichtel & Sachs aufheulen, fuhr an, um gleich danach in eleganter Schräglage zu wenden. Er setzte sich an die Spitze; ein zweiter Fahrer im Kübelfahrzeug sicherte die Kolonne nach hinten ab. Wegen der Gefahr überraschender Luftangriffe fuhr dort extra ein Soldat als Ausguckposten im offenen Wagen mit. Auf der Reichsstraße war nur gelegentlich ein Lastkraftwagen der Wehrmacht unterwegs, zivilen Verkehr schien es überhaupt nicht zu geben. Auf den Feldern arbeiteten hier und da Bauern, anscheinend bei der Frühjahrsbestellung. Einmal wurde eine Gruppe Ostarbeiterinnen sichtbar, deutlich waren die Armbinden mit der Aufschrift »OST« zu erkennen. Es war nicht zu erkennen, woran sie arbeiteten.

In schneller Fahrt jagte die Kolonne durch Witzenhausen auf Gertenbach zu. Obwohl es nur vierzehn Autos und mehrere Motorräder waren, war die Kolonne sehr lang. Der Gefahr plötzlicher Jagdbomberangriffe wegen war 200 Meter Abstand zwischen den Autos befohlen worden. In Gertenbach angekommen, empfing sie der General Maximilian Hitzfeld. Er hatte soeben mit dem Rottenführer einer SS-Nachrichteneinheit gesprochen, deren Zentrale unweit auf einer Wiese entlang der Werra entfaltet war. Als ihm das Eintreffen der Kolonne gemeldet wurde, verließ er den Funk-LKW, nicht ohne sorgfältig seine Generalsmütze aufzusetzen. Er kannte den GFM seit langem. Völlig unmilitärisch, mit ausgestreckten Händen, ging er auf die Ankömmlinge zu.

»Viel kann ich den Herren in diesem Dorf nicht anbieten. Leider. Dafür sind wir hier erstmal ziemlich sicher. Witzenhausen wäre unterbringungsmäßig günstiger, aber die wichtige Straßenbrücke über die Werra stellt für den Gegner ein taktisches Ziel dar. Da wäre der Stab ständig luftgefährdet gewesen. Für unsere Sicherheit reicht die Sturmkompanie oder meinetwegen der Wachzug hier völlig aus. Wie es scheint, nimmt man uns fast nicht war. Die Einwohner haben andere Sorgen. Was verschafft mir denn die Ehre Ihrer Anwesenheit?«

Generalfeldmarschall Kesselring hielt in der linken Hand den ihm vom Führer verliehenen Marschallstab. Dieser zeigte auf hellblauem Untergrund (Kesselring gehörte nominell der Luftwaffe an; Hellblau ist die Waffenfarbe der Luftwaffe) Eisernes Kreuz, Wehrmachtsadler und Balkenkreuz. Auf den goldenen Knäufen war unten das Eiserne Kreuz, oben der Wehrmachtsadler eingelassen. – Der 49 cm lange Marschallstab Albert Kesselrings galt nach dem Krieg als verschollen und tauchte erst 2010 bei einer amerikanischen Versteigerung wieder auf.

Unter der hastig angetretenen Ehrenformation erregte so ein vorher nie gesehener Marschallstab große Aufmerksamkeit. Der Generalfeldmarschall trat an die Lagekarte: »Mit Führerbefehl von heute übernehmen Sie vertretungsweise die Führung der neu zu bildenden 11. SS-Panzerarmee, solange, bis General Lucht vollständig wiederhergestellt ist. Der General hat sich beim Ausbruch aus dem Ruhrkessel den Fuß verstaucht. Ist mit einer kleinen Truppe von Panzerleuten, mit drei Jagdpantern, in schnellster Fahrt ohne Rücksicht auf den Gegner bei Paderborn regelrecht durchgebrochen. Nochmals zu Ihnen. Parallel dazu führen Sie weiterhin Ihr 67. Korps. Stabskräfte aus der Führerreserve sind zum Teil heute schon mit mir angekommen, weitere Kräfte werden in den nächsten zwei Tagen Ihnen zugeführt.« Hier holte er geräuschvoll Luft um zu neuer Rede anzusetzen.

»Meine Herren! Nach dem Verlust der industriellen Basis an Rhein und Ruhr muß jetzt Mitteldeutschland unbedingt gehalten werden. Der mitteldeutsche Raum ist als Aufmarsch- und Aufstellungsgebiet von kriegswichtiger Bedeutung. Dabei kommt dem Harz die Bedeutung eines natürlichen Sperrriegels zu. Ihre Armee soll, wenn sie sich versammelt hat, die eingekesselte Heeresgruppe B entsetzen. Zu diesem Ziel ist ein rücksichtslos geführter, schneller Vorstoß durch das Weserbergland zu führen und die amerikanischen Sicherungslinien am Ruhrkessel zu überwinden.

Meine Herren, wir müssen Model unbedingt da raushauen und mit ihm so viele Truppen wie nur möglich. Die Ruhrfestung wird auf Dauer nicht zu halten sein. Gleichzeitig stellt die eingeschlossene Heeresgruppe B den letzten wirklich größeren Verband mit Kampfkraft von hier bis zur Reichshauptstadt dar! Der Verlust der Heeresgruppe B wäre im Westen nicht mehr auszugleichen und von der Ostfront können wir keinen einzigen Mann abziehen! Also wäre dem Gegner dann der ungehinderte Weg bis zur Reichshauptstadt frei. Zur Erfüllung ihrer Aufgabe werden alle im Gebiet befindlichen Wehrmachts- und Waffen-SS-Einheiten ihrem Armeeoberkommando unterstellt.« Es erhob sich leises Gemurmel unter den Offizieren. Jedem Anwesenden war sofort die Schwere dieses Befehls aufgefallen. Er war eigentlich nicht durchführbar.

Die Tür öffnet sich; ein Adjutant meldete. »Herr Generalfeldmarschall, eine wichtige Nachricht. Soeben ist die Quartiermeisterabteilung der 15. Armee eingetroffen.« »Sollen eintreten.« Oberst Linnemann meldete seinen Stab mit 20 Offizieren. Er meldete, daß seine Abteilung mit knapper Not aus dem Ruhrkessel entkommen war. Das naßkalte, ständig mit Schneeschauern durchsetzte Wetter der letzten Tage hatte sich für sie als ausgesprochener Glücksfall erwiesen. Ohne bemerkt zu werden, waren sie durch die Außensicherungen der britischen Army geschlüpft. Beim Wehrbereichskommando Kassel bekamen sie später den Marschbefehl hierher. »Wunderbar; wir bauen hier gerade eine neue Armee auf, da werden wir Sie gleich mit eingliedern. Lagebesprechung 17 Uhr.« Erstaunte Blicke: Hier in diesem Bauernhaus sollte das Armeeoberkommando arbeiten? Aber die anschließende Besprechung sollte sie schnell eines Besseren belehren.

Als man sich zur Lage versammelte, wurde es eng. »So wird das nichts, Sie brauchen schnell einen größeren, geeigneteren Gefechtsstand, damit das AOK wirksam werden kann.« »Jawohl, Herr Generalfeldmarschall.«

»Es muß jetzt schnellstens der unkontrollierte Rückzug gestoppt werden. Die herumvagabundierende Quartiermeisterabteilung der 15. ist doch nur einer von vielen führungslosen Truppenteilen, die aus dem Kessel entkommen konnten. Wie viel Kräfte es außerdem noch geschafft haben, ist zur Stunde ungewiß. All diese Kräfte müssen zusammengefaßt werden und im Zusammenwirken mit den SS-Truppen, insbesondere der Panzerbrigade Westfalen, sowie den örtlichen Kräften des Volkssturms die Weser als natürliche Widerstandslinie halten. Die genaue Situation von heute wird Ihnen jetzt der Stabschef vortragen.«

General Hitzfeld blickte den seitlich stehenden Oberst (i.G.) Fritz Estor ermunternd an. Sogleich begann dieser mit seltsam schnarrender Stimme zu sprechen. Er entsprach ganz dem Bild, das man sich im Allgemeinen von einem kaiserlich-preußischen

Offizier machte, wohl auch wegen seiner altertümlichen Gewohnheit, ein Monokel zu benutzen.

Die Anwesenden wurden in ein Nebenzimmer gebeten, das als improvisierter Karten- und Lagerraum fungierte. An zwei eilends zusammengeschobenen Tischen nahmen die Generäle Platz, der Rest mußte sich mit Stehplätzen begnügen. »Bitte, Herr Oberst, fangen Sie an.«

»Unser Auftrag lautet, mit allen verfügbaren Kräften die Verbindung zur Heeresgruppe Model herstellen. Dazu ist aus dem Raum Kassel nach Südwesten vorzustoßen und Verbindung mit Gruppe General Bayerlein in Herborn, südwestlich Marburg, zu suchen. Mit Teilkräften ist Feindvorgehen gegen Weser-Fulda zu verhindern. Armee wird OB West direkt unterstellt. Zur Durchführung: Heeresgruppe Model an der Ruhr eingeschlossen. Ostwärtige Teile kämpfen im Raum Herborn. Unsere 11. Armee mit den unterstellten 66. und 67. Armeekommandos und Teilen des 9. Armeekommandos stellen Verbindung zu Model her. Das sichere Festhalten der Fulda-Linie ist Voraussetzung für die Durchführung der Operationen. General Hitzfeld hat bereits Befehle für die Versammlung einer Angriffsgruppe im Raum Trendelburg gegeben. Die 11. Armee ist heute wie folgt gegliedert: Das stellvertretende Generalkommando des 6. Armeekorps Korps besteht aus der Kampfgruppe Becher, Panzerabteilung 508, Sturmgeschütz-Lehrabteilung 130, Kampfgruppe Görbig, Kampfgruppe Müller, Teilen der Divisionen 466 und 471. Das stellvertretende Generalkommando des 9. Armeekorps hat die 26. und 326. Volksgrenadierdivision, Pionierbrigade 688, Brigade Worgitzky, Fallschirmjägerregiment 15, Panzer-Lehrregiment 130, Pionierersatzbattaillon 29, Panzer Abteilung 510, Kampfgruppe Bremm, Heeres- Unteroffiziersschule Eisenach, Artillerieregiment 1066, Grenadierregimenter 661 und 84 sowie die Sturmgeschütz-Brigade von Allwörden im Bestand. Das 66. Korps verfügt über die SS-Panzer Brigade »Westfalen«, Sperrverband Bortscheller, Grenadier-Ersatz Battaillon 398, Grenadierregiment 662. Das 67. Korps erhält morgen seine Kampftruppen durch Umgliederung vorhandener Kräfte. Luftunterstützung ist kaum zu erwarten, Versorgungslage mit Munition ist leider nur mangelhaft, insbesondere bei Geschützmunition. Treibstofflage ebenfalls mangehaft. Die Ernährungslage ist zufriedenstellend. Das ist die ungefähre Ausgangslage der Armee, Herr Generalfeldmarschall.«

»Ich fahre morgen nach Berlin und trage dem Führer vor. Seit Rundstedt am 14. März als OB West abgelöst wurde, erwartet der Führer von mir die Bereinigung der Lage. Dazu brauche ich in jedem Fall zusätzliche Kräfte. Auch für materielle Zuführungen werde ich mich zugunsten der 11. einsetzen. Mein Befehlsstand verlegt heute in den Raum Hüttenrode und Rübeland. Das liegt im Harz. Leider weitab der Verkehrslinien, doch zentral genug für die Operationen Richtung Westdeutschland. Viel Glück und Auf Wiedersehen.«

Zurückgeblieben, löste sich die Lagebesprechung mit gemischten Gefühlen auf. Es war allen klar, daß diese Operation schwer, sehr schwer werden würde.

2. April, 20 Uhr

»Herr General, der 1a Oberst Roschmann möchte Sie sprechen.«
»Ich lasse bitten. Was gibt es zu dieser späten Stunde?«

Oberst (i.G.) Roschmann war ein ausgesprochen sportlicher Typ. Längere Zeit hatte er im hohen Norden, an der Eismeerfront, gedient. Er war ein hervorragender Skilangläufer. Daß seine Wiege im Schwäbischen stand, war nicht zu überhören. Man setzte sich und Roschmann begann: »Auf Grund der doch sehr beengten Verhältnisse hier empfehle ich eine Verlegung des Armeegefechtsstandes. Ich schlage Schloß Adelebsen, ca. 43 km entfernt, vor. Dort gibt es bessere Führungsmöglichkeiten. Ich habe über meinen Ordonanzoffizier Graf Solms dort anfragen lassen. Er ist mit einer Baroness von Adelebsen verheiratet. Der Schlossherr wäre einverstanden.«

Hitzfeld war froh, aus der Enge des Bauernhofes herauszukommen und billigte den Vorschlag Roschmanns. Insgeheim behagte ihm die Vorstellung von einer Luftveränderung und der Aussicht auf einen guten Tropfen, den ihm der Schloßherr sicher kredenzen würde. In Zeiten, wo die schlechten Nachrichten überwogen und er von einer Abwehrschlacht zur nächsten eilen mußte, war das Balsam für seine Seele. Die notwendigen Befehle zur Verlegung des Gefechtsstandes waren schnell erteilt. Beide Männer rauchten. Maximilian Hitzfeld wandte sich wieder Roschmann zu:

»Der Vorstoß bis an die Ruhr und der Entsatz von Model wären mit unserem Truppenmaterial nur dann zu schaffen, wenn die Amis tief und fest schlafen würden. Davon ist leider nicht auszugehen! Soeben stoßen sie mit ungebremstem Schwung weiter nach Osten vor.

Wir können von Glück reden, wenn wir die Amis an Kesselrings Weser-Linie vorerst stoppen können. Viele der uns zugewiesenen Kräfte sind, vorsichtig gesagt, noch nicht einsatzfähig. Wie mir scheint, haben einige Herren da oben nicht den genauen Überblick. Das sind für mich lediglich Träumereien an französischen Kaminen! Unsere Armee sollte im Übrigen nicht Panzerarmee heißen, in Anbetracht des geringen Panzerbestandes. Wir bleiben bei der Bezeichnung 11. Armee. Selbst der Begriff »Armee« ist eigentlich peinlich genug, unsere drei Korps haben zusammengenommen noch nicht einmal die Stärke von zwei kriegsstarken Divisionen.«

Der General schaute stirnrunzelnd auf Roschmann. Er erwartete allerdings keine Antwort. Dann hellte sich seine Miene auf. »Nun ziehen Sie mal nicht so ein Gesicht, der Führer vergißt die alten Krieger nicht! Wenn erstmal die neuen Strahljäger da sind, wird's für die Amis aber gemischt! Dann werden wir auch mal so aus dem Vollen wirtschaften, genau wie die Herrschaften uns gegenüber das gewöhnt sind.« Roschmann zog geräuschvoll die Luft ein und sagte leise: »Die Worte hör ich wohl...« Aber da klopfte ihm Hitzfeld auch schon jovial auf den Rücken und bemerkte, daß die schönen Tage auf einem echten Schloß auch nicht zu verachten wären.

4. April, Schloß Adelebsen

Im großen Saal des Schlosses Adelebsen hatte es sich der Hausherr nicht nehmen lassen, ein wärmendes Kaminfeuer entzünden zu lassen. Für Anfang April war es noch empfindlich kalt. Die neuen Gäste hatten zum Empfang gebeten. Im fünften Kriegsjahr hatte der Keller des Schlosses nicht mehr viel zu bieten. Die Bewirtung übernahm denn auch die Armee. Aus den Beständen des Wehrbezirkskommandos Kassel konnte überraschenderweise reichlich Marketenderware aufgetischt werden. Frohgelaunt begrüßte General Hitzfeld den Schloßherrn und Gattin, die in einem langfallenden dunkelbraunem Kleid gut den bodenständigen Landadel repräsentierte. Sie leitete den örtlichen Frauenbund. Ebenso begrüßt wurden die übrigen Schloßbewohner und zum Abschluß sein Führungsstab: »Namens der 11. Armee bedanken wir uns bei Ihnen, Freiherr von Adelebsen und Ihrer Gattin für die gastliche Aufnahme, die wir hier gefunden haben. Sie erfüllen Ihre Pflicht als guter deutscher Patriot. Für die Unannehmlichkeiten, die Ihnen durch unser Heerlager entstehen, bitten wir im Interesse der Kriegsführung um Verständnis. Nachdem ich heute Vormittag mit Herrn Generalfeldmarschall Kesselring die Lage erörtert habe, kann ich seinen Befehl nun bekannt geben: Der Versuch, die Heeresgruppe B zu befreien, muß auf Grund Kräftemangels und zu starken Feinddrucks abgebrochen werden.«

Oberstleutnant Roschmann raunte den neben ihm stehenden Quartiermeistern Oberst Petri und Major Weiß zu: »Damit ist Model verloren. Niemand wird denen jetzt noch helfen können.«

»Einerseits können wir erleichtert sein, denn ein Angriff über sechzig Kilometer war von vornherein chancenlos. Da aber der Feind südlich von uns bis Eisenach vorgestoßen ist, hat Kesselring aufgrund Führerweisung einen Flankenstoß nach Süden befohlen. Diesen Angriff führt General Fretter-Pico. Unabhängig davon gilt: Die 11. Armee soll sich unter hinhaltenden Widerstand zurückziehen. Es muß Zeit gewonnen werden, um die 12. Armee in Mitteldeutschland neu aufzustellen. Der Führer setzt großes Vertrauen in General Wenk und will, wenn die 12. gefechtsbereit ist, eine große Lösung im Westen herbeiführen.« Der General hob sein Glas: »Auf unsere 11. Armee, möge sie mit Kraft ihre Pflicht erfüllen!« Man stieß mit Moselwein in geschliffenen Weingläsern an. Hernach wurden die Offiziere vorgestellt.

4. April, abends, Gefechtsstand der 326. Volksgrenadierdivision.

Der Divisionskommandeur, Generalmajor Kokott, wird ans Feldtelefon gerufen: »Herr General, ein Anruf aus Berlin!« »Verdammt noch mal, wir haben Dauerfeuer des Gegners! Die greifen bald an, jede Wette. Seit wann interessiert sich das OKW für eine kleine Division?« Der General ging verwundert zum Telefon. Der Nachrichtenmann hauchte ihm zu: »Heilstätte Beelitz, Führungsstab von Himmler.« Die Stimme am Telefon: »Der Reichsführer SS spricht gleich mit Ihnen.« Kokott war ein Schwager Himmlers. »Heil Hitler Reichsführer.« »Heil Hitler, lieber Schwager, hör gut zu, was ich Dir jetzt sage, ist extrem wichtig! Auf Grund der sich zuspitzenden Frontlage beabsichtige ich für Gudrun etwas bewegliches Vermögen bereit zu stellen, um die Familie für alle Fälle abzusichern. Ich selbst werde mich in kürzester Zeit in den Süden des Reiches begeben, nachdem ich hier noch einige wichtige Dinge geregelt habe. Wenn die Fronten nicht mehr zu halten sind, ist es nicht ausgeschlossen, daß unsere SS von ihren Quellen abgeschnitten wird. Das würde uns in unserer Handlungsfähigkeit enorm einengen. Wir wissen nicht genau, wie es kommen wird. Auch deswegen setze ich einen Kurier mit wertvollem Gut in Marsch. Er soll so reisen, daß er zuerst zu Dir kommen wird. Dort entscheidet Ihr je nach Frontlage über seine weitere Route. Ziel ist natürlich die Familie im Süden. Es könnte jedoch auch eine Lage eintreten, bei der ich ein sicheres Quartier außerhalb der Reichshauptstadt brauchen werde. Ob ich noch bis zum Starnberger See durchkommen kann ist ungewiß. Da wäre mir der Harz als Ausweichquartier ganz recht. Als Kurier habe ich Hauptsturmführer Mudra ausgewählt. Er ist von mir persönlich für diesen Sonderauftrag verpflichtet worden. Wenn er sich bei Deiner Einheit meldet, wird er pro forma

Dir unterstellt. Sicherheitshalber. Denk Dir was Glaubhaftes aus. Es ist ihm jegliche Unterstützung zu gewähren. Er ist angewiesen allein zu handeln. Der ihm anvertraute Sicherheitsbehälter ist gegen Fremdöffnung absolut sicher, unsere Forschungsstelle hat das in Dachau ganz praktisch ausprobiert. Sprengtechnische und bakterielle Sicherung, ein ganz neues Sicherheitssystem! Es sind zwei Schlüssel zur Öffnung notwendig, ansonsten geht die Bombe hoch. Mudra hat nur einen. Er ist angewiesen, sich unter keinen Umständen vom Behälter zu trennen. Berichte nur über Telefon und nur an mich direkt!«

Eine jähe Explosion in der Nähe riß Heinz Kokott den Hörer aus der Hand. »Heinrich, die Amis brechen mit Panzern durch, ich muß sofort den Gefechtsstand verlegen!« »Nerven behalten, zum Führergeburtstag kommen unsere neuen Waffen zum Einsatz, mein lieber Heinz! Heil Hitler.«

II

Mai 1940, Antwerpen

»In Belgien, da gibt's Gold und Diamanten, holen wir sie heim ins Reich!« Gutgelaunt beendete Reichswirtschaftsminister Walther Funk die Beratung mit seinem Kabinettskollegen Reichsfinanzminister Graf Schwerin von Krosigk. Ebenfalls anwesend waren die Staatssekretäre Friedrich Landfried und Fritz Reinhardt. Es ging um die finanziellen Auswirkungen der gerade angelaufenen Kriegshandlungen im Westen und in Norwegen. Der Krieg im Westen verlief unerwartet günstig und schnell. Die Offensive dort begann am 10. Mai um 5.35 Uhr. Auf das Codewort »Danzig« hin setzten sich 77 Divisionen einschließlich zehn Panzer- und zwei Luftlandedivisionen sowie 3500 Flugzeuge zum Angriff auf die Benelux-Staaten und Frankreich in Marsch. Die bislang streng geheimen Planspiele des Finanzministers vom Januar 1940 schienen jetzt Wirklichkeit zu werden. Wenn die Eroberung des westlichen Europas gelingen könnte, so wäre die Ausbeutung der eroberten Volkswirtschaften zugunsten des Reiches sofort zu organisieren. Die Reichsregierung wollte kriegsbedingte Hungerjahre, verbunden mit einer Mißstimmung der Bevölkerung wie im ersten Weltkrieg, vermeiden. Nur gut versorgte Volksgenossen halten den Willen zum Krieg hoch! Der Westfeldzug sollte sich für jeden deutschen Soldaten und natürlich seine Familie lohnen. Die Benelux-Staaten galten als das Land, wo Milch und Honig flossen. Beim Erbfeind Frankreich wohnte man sowieso wie der sprichwörtliche ›Gott in Frankreich‹. Also gab es Planungen, wie die Wehrmacht einschließlich ihres großen Gefolges sich aus den besetzten Ländern ernähren sollte, ohne dem deutschen Reich zur Last zu fallen.

Besonders wichtig war es daher, das Gold, Devisen, Wertpapiere und Diamanten der zu erobernden Staaten in deutsche Hände zu bekommen. Nur damit ließen sich in Spanien, Schweden und der Schweiz kriegswichtige Rohstoffe, aber auch Nahrungsmittel einkaufen. Denn Deutsche Reichsmark akzeptierte das neutrale Ausland in der Regel nicht. Für diese spezielle Aufgabe wurden Jagd- beziehungsweise Beutekommandos eingesetzt. Diese wurden als Devisenschutzkommandos bezeichnet und sollten zeitgleich mit der kämpfenden Truppe in Holland, Belgien und Frankreich einrücken oder zumindest der Front in geringen Abstand nachfolgen. Sie hatten die Aufgabe, die Bestände der Staatsbanken sofort zu beschlagnahmen und anschließend dem Reich zur Verfügung zu stellen. Koordiniert wurde das gesamte Vorhaben von der Abteilung »Westliche Länder« im Devisenfahndungsamt, das seinerseits dem geheimen Staatspolizeiamt angegliedert war. Der zuständige Abteilungsleiter war Regierungsrat und SS-Hauptsturmführer Herbert Staffeldt. Man ahnte dort zu Recht voraus, daß die rechtmäßigen Besitzer diese Schätze den Eroberern nicht freiwillig ausliefern würden. Die Spione der deutschen Abwehr beobachteten denn auch alle infrage kommenden Banken sorgfältig. In Paris machten sich bis Anfang Mai die Direktoren der Nationalbank keine größeren Sorgen wegen der Deutschen – man vertraute der Maginot Linie –; in den Finanzzentren Amsterdam, Brüssel und Antwerpen aber schon.

»Lauter, Sie müssen lauter sprechen«, brüllte der Oberleutnant den neben ihm im LKW sitzenden Zivilisten an. »Wir sind im Krieg! Was da neben uns ununterbrochen schießt, sind Guderians Panzer. 19. Panzerkorps. Die haben seit Kampfbeginn ein Tempo drauf, daß einem Hören und Sehen vergehen kann. Spitzname ›Gespensterdivision‹, weil die überall dort auftauchen, wo es der Gegner gar nicht für möglich hält!«

Herr Arthur Bozenhardt, frisch ernannter Leiter eines zukünftig in Antwerpen zu residierenden Zentralamtes für Diamanten verzog gequält das Gesicht. Als langerfahrener Diamanthändler war er mehr die Ruhe und die Stille von Keller- und Tresorräumen gewohnt. Er fragte zurück:

»Können Sie mir garantieren, bis morgen in der Stadt zu sein? Der Zeitfaktor ist enorm wichtig. Nach Agentenberichten soll morgen aus der Diamantbank ein größerer Transport abgehen.« Hier mußte Bozenhardt erst einmal Luft holen, das laute Sprechen strengte ihn an. »Im Hochseehafen von Antwerpen liegt ein schnelles englisches Schiff. Es soll die »Dundee« sein. Wir müssen annehmen, daß bedeutende Sachwerte noch schnell außer Landes gebracht werden sollen. Nur deshalb haben die Engländer sich mit der Sloop ins Kampfgebiet hereingetraut.«

Frohgelaunt erwiderte der Offizier: »Da vorn liegt Antwerpen. Sehen sie die Festung Het Steen? Da gibt's noch etwas Widerstand; ist aber kein Problem für uns. Ihre Bank liegt in der Pelikaanstraat. Das ist Innenstadt, Nähe Liebfrauenkathedrale. Der weiße Kirchturm dort; 123 m hoch.« Er wies seitlich an schwarzen Rauchschwaden vorbei. »Wenn's weiter so gut läuft, wird Antwerpen unzerstört in unsere Hände fallen. Bis jetzt wurde nur im Vorfeld der Stadt gekämpft.« – »Na Gott sei Dank«, dachte Bozenhardt. Er hatte keine Lust, sein »Rijksbureau voor Diamant« in einer Ruinenlandschaft aufzumachen.

Am nächsten Tag geschah die Besetzung der Stadt sehr schnell. Bozenhardt erreichte ohne Probleme die Pelikaanstraat Nr. 54 und stand vor der Antwerpse Diamantbank. Bereits am Vorabend hatte deutsche Infanterie das berühmte Diamantenviertel mit seinen Bankhäusern umstellt und abgeriegelt. Aufgeregte Diamanthändler vor den Posten erhielten keinen Zutritt. Viele alteingesessene Händler waren Juden, leicht erkennbar an traditionellem Gewand, Kopfbedeckung und Schläfenlocken. Die flämische Großstadt konnte auf eine 500-jährige Geschichte des Schleifens von und Handelns mit Edelsteinen, vorwiegend Diamanten, zurückblicken. Zumeist afrikanische Diamanten wurden hier veredelt, viele Schleifer entwickelten sich zu Meistern ihres Fachgebietes.

Der Diamant gilt als das härteste natürliche Material. Die typische Brillantform wurde hier in Antwerpen 1919 entworfen. Brillanten haben ein Feuer, das den Eindruck von Rohdiamanten weit übertrifft. Aber falsch geschliffen funkelt eben nichts! Der Brillantschliff ist achtfach symmetrisch, er besitzt mindestens 57 Facetten. Durch die Reflektion fast des gesamten einfallenden Lichtes entsteht das einzigartige innere Leuchten. Dieser Stein besitzt die höchste optische Brechkraft von allen Edelsteinen und dadurch auch das farbige Funkeln. Aber: Alle Winkel und Proportionen müssen exakt ausgeführt werden. Man muß bedenken, daß der gesamte Schleifvorgang von Hand ausgeführt wird. Stunden- und tagelang sitzt der Schleifer an der Schleifmaschine, die sich in seiner kleinen, gesicherten und überwachten Werkstatt befindet. Schon geringe Abweichungen wie beispielsweise die Verflachung der unteren Facetten führen zu vermindertem Glanz in der Mitte. Das verschlechtert das Gesamtergebnis und drückt den Preis. Dazu kommt es selten, immerhin gilt »Cut in Antwerp« als Garantie für erstklassige Ware.

Bozenhardt passierte dank seiner Vollmachten die Postenkette und wurde sogleich zum Bankdirektor geleitet. Der Direktor stand dieser Bank seit ihrer Gründung 1934 vor. Seinerzeit hatte die belgische Regierung über eine Mehrheitsbeteiligung an diesem Bankhaus Anteile und Einfluß auf die immensen Profite des Antwerpener Diamanthandels bekommen. Immerhin wurden hier zeitweilig achtzig Prozent des gesamten Welthandels an Diamanten getätigt. Einen beträchtlichen Teil des Nationaleinkommens zog Belgien aus der Besteuerung des Edelsteinhandels. Eine eigene Bank sollte helfen, diese Einnahmen zu steigern. Zugleich sollte ein Teil des Staatsvermögens, der in Diamanten angelegt war, hier sicher eingelagert werden. Diese als Diamantstock bezeichnete Staatsreserve wurde schon in den zwanziger Jahren angelegt, um im Notfall den belgischen Franc stützen zu können; ähnlich einer Goldreserve, deren Aufgabe in der Deckung der Währung gegenüber Schwankungen und Spekulationen liegt und die allein durch ihre physische Anwesenheit Vertrauen schafft. Die Chance des altehrwürdigen Handelsplatzes Antwerpen wurde gewinnbringend genutzt. Da der staatliche Ankauf der Rohdiamanten stets in Zeiträumen des preiswerteren Überangebotes stattfand, sahen die Händler darin eher einen Vorteil für den Markt, da somit der Verkaufspreis hochgehalten werden konnte. Der Diamantstock wurde einmal jährlich von der königlichen Finanzkommission besichtigt. Und genau dessen Herausgabe verlangte der Deutsche.

Der Bankdirektor war kein Held. Die Niederlage Belgiens war eindeutig, die Konsequenzen unerbittlich. Er versuchte die demütigende Übergabe so kurz wie möglich zu machen. Man begab sich in Begleitung mehrerer bewaffneter SS-Männer in die Kellerräume. Dieses Vorgehen ging auf eine soeben fernmündlich aus Berlin eingetroffene Weisung von Regierungsrat Staffeldt zurück. Im Tresor erfuhr Bozenhardt, daß am gestrigen Nachmittag in aller Eile geschätzte zwei Drittel des Gesamtbestandes, der schon seit Tagen in Kisten verpackt bereitstand, aus der Bank abtransportiert worden waren. Der Hauptteil des Diamantstockes war den Deutschen vor der Nase weggeschnappt und trotz Beschusses der Innenstadt zum Hafen gebracht worden. Die dort wartende Sloop »HMS Dundee« übernahm die Transportkisten und lief sofort aus, mit voller Kraft der Themsemündung entgegen. Die berechtigte Furcht vor einer blitzschnellen Einnahme des Hafens ließ den Kapitän so schnell die Flucht aus Antwerpen antreten. Den zweiten Transport aus der Bank abzuwarten, war er angesichts von bereits im Hafengelände niedergehenden Granaten nicht mehr bereit.

Die Rettung eines großen Teiles des belgischen Staatsschatzes bewahrte dieses Schiff allerdings auch nicht vor seiner baldigen Versenkung. Am 15. September 1940 wurde das 1060-Tonnen-Schiff vom U-Boot U-48 versenkt. Es war das erfolgreichste deutsche U-Boot des zweiten Weltkrieges und versenkte auf zwölf Feindfahrten 52 Frachtschiffe und eben diese Sloop.

Staffeldt indessen, von Bozenhardt sofort in Kenntnis gesetzt, reagierte mit einem Wutausbruch am anderen Ende der Leitung. Schließlich beruhigte er sich langsam. »Immerhin haben wir einen Teil des Diamantstockes. Die Belgier mögen ihren Teil ruhig außer Landes bringen lassen, wir werden uns die Steine eben dort abholen! Es gibt im Übrigen noch mehrere Länder, die London als sicheren Platz für ihre Staatsschätze ansehen. Sie wissen nicht, daß der Führer bereits an einer Offensive gegen England arbeitet. Am 6. Mai, mein lieber Bozenhardt, kamen 350 Tonnen Gold der Norwegischen Staatsbank in London an. Es ist nur eine Frage der Zeit, bis wir dort sind und den Zugriff darauf haben. Übrigens sind ihre belgischen Partner nicht so naiv, wie Sie vielleicht denken. Sie sind gewarnt worden! Admiral Canaris berichtete dem Führer von einer unlängst im Vatikan stattgefundenen Unterredung von Papst Pius dem Zwölften mit der Ehefrau des italienischen Kronprinzen. Am 6. Mai, welch ein Zufall, gab er ihr bekannt, daß Deutschland bereitstehe, Holland, Belgien und Luxemburg zu überfallen, um anschließend nach Frankreich hineinzustoßen. Woher er das weiß? Im Wehrmachtsführungstab gibt es treu ergebene Katholiken. Die Erlangung des Angriffstermins war nur über diesen Kanal denkbar. Der Papst hoffte richtigerweise, daß die Dame den belgischen König Leopold warnen würde. Er ist ihr Bruder. Sie, Herr Bozenhardt, garantieren mir persönlich eine ordentliche und lückenlose Aufnahme aller vorhandenen Wertpapiere und Effekten. Die Diamanten übergeben Sie gegen Quittung an das SS-Begleitkommando, die es sicher nach Berlin bringen werden. Über die weitere Verwendung entscheidet der RFSS. Sie erhalten demnächst weitere Anweisungen. Ende.«

Ungefährdet von Jagdflugzeugen und U-Booten erreichte HMS Dundee am nächsten Tag die englische Küste.

Vier Jahre später sollte Antwerpens Hafen beim alliierten Vormarsch auf das deutsche Reich noch eine wichtige Rolle spielen. Als die Truppen der Allierten Antwerpen besetzten, hatten sie endlich einen Tiefseehafen zur Anlandung ihres unendlich scheinenden militärischen Potentials zur Verfügung. Hitler befahl sofort, diese Nachschubader zu zerstören. Der britische Oberbefehlshaber Montgomery brauchte diesen Hafen unbedingt für seine geplante Operation »Market Garden« – den schnellen Vorstoß über die Niederlande in das Ruhrgebiet. Zu diesem Zeitpunkt war seine Invasionsstreitmacht nicht stärker als die ihm gegenüberstehenden Wehrmachtsverbände. Lediglich die erdrückende Luftüberlegenheit brachte ihm zunächst Erfolge. Am 15. Oktober 1944 begann der V-2 Beschuß von Antwerpen. Erst jetzt, als sie schon befreit war, erlitt die Stadt schwere Zerstörungen. Der entscheidend wichtige Hafen wurde dabei zwar kaum beschädigt. Aber schon Wochen zuvor, in der Nacht vom 16. auf den 17. September gelang es einem deutschen Kommandounternehmen, den

Hafen als Nachschubmöglichkeit auszuschalten. Fünf deutsche Kampfschwimmer der Kriegsmarine näherten sich nachts auf einem Sprengboot der Kreuzschanzenschleuse, die den Seehafen vor Gezeiten schützt. Es gelang, eine Torpedo-Mine mit einer Tonne Sprengstoff mittels Zeitzünder zur Explosion zu bringen. Das Schleusentor wurde schwer zerstört. Der Hafen von Antwerpen fiel auf Monate als logistisches Drehkreuz aus. Der alliierte Vormarsch verlangsamte sich; Market Garden wurde ein Mißerfolg. Die Nachschubprobleme waren gravierend, deshalb konnte nicht mehr schnell vorgestoßen werden.

Obwohl das vom amerikanischen Präsidenten Roosevelt versprochen worden war: Die Jungs in der Army würden nicht schon Weihnachten wieder zu Hause sein.

III

7. April, Schloß Adelebsen, Auffahrt zum Schloßtor

»Nehmen Sie mal das Glas. Ich glaube, da kommt unser neuer Chef, General Lucht.« Hitzfeld reichte Estor den Fernstecher. »Nach allem, was ich gehört habe, scheint er eine ruhige Art zu haben.«

Tatsächlich handelte es sich bei dem Ankömmling um den neu ernannten Oberbefehlshaber der 11. Armee. Der 63-jährige General der Artillerie Walter Lucht war seit 1901 ununterbrochen Soldat. Er hatte schon im ersten Weltkrieg eine beeindruckende Karriere mit vielen Auszeichnungen absolviert. 1931 ging er für drei Jahre als Militärberater nach China, 1937 mit der Legion Condor nach Spanien. Im jetzigen Krieg war er Generalmajor, ab 1942 Generalleutnant. Deutsches Kreuz in Gold, erst im Januar für seine Leistungen bei der Ardennenoffensive das Eichenlaub zum Ritterkreuz. Galt im Ruhrkessel als vermißt, konnte sich mit wenigen Männern zu den eigenen Linien durchschlagen. »Aber kein Durchreißer wie Model oder Haudegen wie Rommel. Das könnte für unsere 11. bestimmt noch mal sehr wichtig werden. Lassen Sie uns gehen.«

Man begab sich in den Innenhof des Schlosses. Der Führungsstab war vollständig versammelt. Der Chef des Generalstabes Oberst i.G. (im Generalstab) Fritz Estor, dessen 1a, Leiter der Führungsabteilung Oberst i.G. Roschmann, der 1b als Leiter der Versorgungsabteilung Oberst i.G. Linnemann, der 1c Nachrichtenoffizier, zuständig für Feindlage, Major Müller sowie der als 2a fungierende Hauptmann Drösig als der persönliche Adjutant des Oberbefehlshabers waren zur Begrüßung angetreten. Man sah viel Generalsrot an den Uniformen. Lucht streifte die Lederhandschuhe ab, übergab sie zusammen mit Schirmmütze und Mantel seinem Adjutanten. »Sie können beginnen!«

Hitzfeld, dem übrigens noch am 9.5.1945 als einem der letzten Soldaten der Wehrmacht überhaupt die Schwerter zum Ritterkreuz verliehen wurden, begann mit der Übergabe der Befehlsgewalt. »Her General, darf ich mir erst einmal erlauben – und ich glaube, ich spreche im Namen aller Anwesenden, die Freude darüber zum Ausdruck zu bringen, daß Sie, Herr General, zum Befehlshaber ernannt worden sind.« »Das ist sehr schmeichelhaft für mich, aber bitte sparen Sie sich diese Rede für die Wochenschau. Wir müssen sofort an unsere Arbeit gehen und handeln. Der Feind ist bei Hannoversch Münden durchgebrochen. Göttingen kann morgen fallen. Der Stoß zielt nach Osten und ich tippe beim Angriffsziel auf Leipzig. Die schönen Tage auf diesem Schloß sind vorbei. Wir verlegen nach Gillersheim. Abmarsch um 21.00 Uhr.«

Eine große Geschäftigkeit setzte umgehend ein. Fahrzeuge fuhren vor, wurden mit Transportkisten beladen. Nachrichtenleute legten Kabel zusammen. Adjutanten brachten in Koffern das Gepäck ihrer Offiziere. Unter besonderer Bewachung verluden die Intendanturräte und Stabszahlmeister einen großen Bargeldbestand, mit dem jede Armee ausgestattet war. Alle Kraftfahrzeuge sammelten sich anschließend vor dem Schloß. Allmählich formte sich aus dem Ameisenhaufen der verschiedensten Fahrzeuge nach einem vorher festgelegten Plan ein Marschband. Der 1a überwachte den Vorgang. Als Lucht in seinem Wagen Platz genommen hatte, setzten sich die Stabsfahrzeuge langsam in Bewegung. Die Kolonne, bestehend aus 24 LKW, 3 Bussen, 10 PKW, 10 VW-Kübel und mehreren Motorrädern, fuhr der Fliegergefahr wegen abgedunkelt. Zurück blieb ein Sicherungszug mit 45 Soldaten, die den Rückzug decken und Versprengte nachführen sollten. Bis Gillersheim waren es 38 km. Keiner ahnte, daß diese Art Verlegungen alsbald zum Alltag der Führung der 11. Armee gehören sollte.

Angekommen um viertel vor Mitternacht, bezog der Generalstab die vom Vorauskommando reservierten Quartiere. Zeitgleich wurde die mobile Nachrichtenzentrale aufgebaut und an das örtliche Telefon- und Fernschreibnetz der Reichspost angeschlossen. Zum Schutz des Armeeoberkommandos zog der Wachzug einen Sicherungsring um den kleinen Ort. Sofort nach der Vergatterung zog die erste Wache auf ihre Postenbereiche. All dies geschah weitgehend geräuschlos, kaum ein Anwohner nahm Notiz. Viele Jahre später darüber befragt, wußten nur wenige aus der Erinnerung Kunde über die Anwesenheit eines deutschen Armeestabes in ihrem Ort zu geben; ein Umstand, der für sämtliche Aufenthaltsorte des Armeeoberkommandos 11 zutraf.

Die Armeenachrichtenzentrale nahm umgehend ihren Betrieb auf. Als Funkstation mit weitreichender Leistung wurde die Dekametersendestelle auf dem Brocken genutzt. Somit konnte die Verbindung mit dem OKW über dessen Sende- und Empfangsstelle Königs Wusterhausen hergestellt werden.

In der Nacht vom 7. auf den 8. April traf ein schicksalhafter Befehl aus dem Oberkommando der Wehrmacht ein. »Es kommt darauf an, auf Zeitgewinn zu kämpfen und möglichst starke Feindkräfte zu binden, da ostwärts des Harzes die 12. Armee im Aufmarsch zu einem Entlastungsstoß gegen den nach Mitteldeutschland eingebrochenen Gegner ist. Harz ist als Festung durch Geländeverstärkungen aller Art auszubauen. Um hierzu Zeit zu gewinnen, ist der Leine-Abschnitt unter allen Umständen zu verteidigen. Im Harz ist ein Kampfkommandant einzusetzen, der einheitlichen Aufbau sicherstellt und die dort in Massen befindlichen Versprengten zusammenfaßt.«

Es war offensichtlich, daß die Führung mehr Zeit gewinnen wollte, um der Armee Wenk ein Aufmarsch- und Operationsgebiet zu schaffen.

»Wenn ich mir die Bemerkung erlauben darf, Herr General, gehen wir schweren Zeiten entgegen. Die Harzverteidigung zu organisieren ist zwar hauptsächlich Sache der örtlichen Gauleiter, aber viel mehr als Panzersperren bekommen die doch nicht hin, mit ihrem Volkssturm. Die brauchen die Wehrmacht, sonst wird das nichts.« Lucht und Estor berieten den neuen Befehl. Der General entschied: »Gut, wir werden einen Kampfkommandanten für den Gesamtharz sowie Kampfkommandanten für örtliche Schwerpunkte organisieren. Das Ganze wird dann wohl mehr ein Partisanenkrieg. Da kann schnell die Disziplin der Truppe dahingehen. Sprechen Sie mal mit dem Befehlshaber der Feldjägerkommandos beim OB West. Das ist General Speidel. Der muß verstärkt auf Zucht und Ordnung achten, sofern das die fliegenden Standgerichte der SS nicht sowieso schon erledigen. Die haben Sondervollmachten.«

Es galt nun, einen Kampfkommandanten für den Harz einzusetzen. General Lucht schaute jetzt seinen 1b, Oberst Linnemann an:

»Das ist was für Sie. Der Führer liebt feste Plätze, also tun wir ihm den Gefallen. Sie erhalten weitgehende Vollmachten, die sich im Übrigen aus dem Führerbefehl Nr.11 bezüglich Kampfkommandanten und feste Plätze ergeben. Wenn Ihnen die Verteidigung des Harzgebirges gelingt, schlage ich Sie fürs Ritterkreuz vor.« Linnemann verzog das Gesicht zu einem schiefen Lächeln. Er hätte sich gewünscht, daß dieser Kelch an ihm vorübergegangen wäre.

Am 6. April drückte der amerikanische Druck die Frontlinie an der Werra-Front ein. Das alliierte Hauptquartier unter Field Marschall Bernard Montgomery legte die Operationsräume seiner Kräfte neu fest. In der Angriffsrichtung Mitteldeutschland setzte er die 1. und 9. US-Armee ein und wies die entsprechenden Operationsräume zu. Da eine deutsche Harzverteidigung nicht für möglich gehalten wurde, wurde diesem Gebirge planungsseitig keine besondere Aufmerksamkeit geschenkt. In Gedanken war man schon in Berlin! Verständlich, denn nach den erfolgreichen Kämpfen an Rhein und Ruhr war der Weg zur Reichshauptstadt frei und das Ende des Krieges schien sehr nah. Mit großen Widerständen wurde jetzt nicht mehr gerechnet. Es gab mit den Russen die Abmachung, daß der Fluß Elbe als Demarkationslinie zwischen den Armeen beider Staaten gelten sollte. So verlockend die Vorstellung auch gewesen sein mochte, als erste Nation in die deutsche Reichshauptstadt einzumarschieren – Stalin hätte es niemals geduldet. Noch war der Friedens- und Harmoniewille innerhalb der Antihitlerkohalition ungebrochen.

Also rief Montgomery, der von den Soldaten kurz »Monty« genannt wurde, den Befehlshaber der 1. US-Army in sein Headquarter im französischen Reims. Das Kommando hatte Drei-Sterne General Hodges inne. Seine »Erste« hatte am 6. Juni 1944 die Landung in der Normandie mitgemacht und anschließend einen bemerkenswert schnellen Vormarsch über Lüttich bis zur Reichsgrenze nach Aachen hingelegt. Sie war sehr kampferprobt. Im Winter 1944/1945 verteidigte sie zäh in der Ardennenschlacht. Nach der Überschreitung des Rheins stürmte sie durch den Westen Deutschlands und hatte Ende März, zusammen mit der 3. US-Army unter General Patton, Kassel erobert. Wohl auch dafür wurde Hodges am 15. April vom US-Kongress zum Vier-Sterne-General befördert. Jetzt sollte seine Armee aus Nordhessen heraus südlich des Harzes über Nordhausen und Halle vorstoßen. Dabei sollten nach Möglichkeit die Randbereiche des Harzes von deutschen Truppen gesäubert werden. Wie weit in den Harz hineingestoßen werden konnte, blieb unklar. Zwecks Erreichung des Endziels »Elbe« sollte eine Kräfteaufsplitterung unbedingt vermieden werden.

Folgerichtig vereinigten sich am 25. April amerikanische und sowjetische Angriffsspitzen in Torgau an der Elbe.

Der in das alliierte Headquarter ebenfalls einbestellte General Simpson sollte mit der 9. US-Army nördlich des Harzgebirges auf Magdeburg ziehen. Beide Armeen hatten schon bei der Schließung des Ruhrkessels, die am 1. April bei Lippstadt erfolgte, zusammen operiert. Nach einer Umgruppierung trat die »Neunte« wieder an, befreite Hannover am 10. April und stand am 17. April bei Magdeburg an der Elbe.

Dem sofort erfolgten Brückenschlag über die Elbe bei Barby (Truman-Bridge) war allerdings kein militärischer Erfolg beschieden. General Simpsons Bitte, aus dieser außerordentlich vorteilhaften Situation heraus sofort zur Hauptstadt des Reiches vorzustoßen zu dürfen, wurde aus politischer Rücksichtnahme dem sowjetischen Verbündeten gegenüber abgelehnt. Berlin lag zum Greifen nah! In diesem rasanten Strudel der Ereignisse war für die Eroberung des Harzes zunächst nur wenig Raum. Tatsächlich erfolgte die Harzeroberung längst nicht so glanzvoll wie der Mitteldeutsche Sturmlauf, sondern mühsam, verlustreich und vor allem ungewohnt langsam von West nach Ost. Oftmals waren die Operationsgrenzen benachbarter Einheiten nicht klar definiert oder man verlor in den dichten Wäldern und Schluchten des Gebirges den Überblick.

Beide Generäle fuhren, wohlversehen mit Direktiven und guten Ratschlägen, zu ihren Einheiten zurück. Ab sofort hatte also die 1. amerikanische Armee Nordthüringen und den Harz freizukämpfen. Die 9. amerikanische Armee mußte den Bereich des nördlichen Harzvorlandes übernehmen. Diese Entscheidung der

Militärbürokratie war denn auch die Ursache für die unübersichtliche Kampfführung und die hohen amerikanischen Verluste in der Festung Harz. Oftmals war den Einheiten auf Regimentsebene oder darunter in der Folgezeit nicht ganz klar, wo der von ihnen zu erobernde Korridor nun genau lag. Das »friendly fire« vor Hüttenrode oder die Nichtbesetzung Blankenburgs, obwohl das benachbarte Halberstadt schon längere Zeit erobert war, sind nur zwei ausgewählte Beispiele dafür.

Da nunmehr die Verteidigung des Harzes die Hauptaufgabe der 11. wurde, brauchte das Armeeoberkommando 11 ein Quartier im Harz. Die Amerikaner sollten möglichst im Vorfeld des Gebirges aufgehalten werden, insofern wollte das Armeeoberkommando nicht zu weit von den westlichen Harzeingängen entfernt sein. Dort erwartete man schwere Abwehrkämpfe. Die Wahl fiel auf das Forsthaus in Riefensbeek. Die Verlegung des Führungsstabes und der Trosse fand am Sonntag, 8. April ab 19 Uhr statt. Wie immer in der Dunkelheit fahrend, erreichte man um 23 Uhr das kleine Riefensbeek.

Dort schockierte die Nachricht, daß am Vormittag Halberstadt bombardiert und zerstört wurde. Der endlose Bomberzug nach Osten war ja nicht unbemerkt geblieben. Am Morgen des nächsten Tages traf ein Opel Blitz mit ausgebombten Halberstädtern in Riefensbeek ein. Diese Leute sollten auf die Harzdörfer verteilt werden, um dort wenigstens ein Dach über dem Kopf zu haben. Sehr erregt und emotional aufgewühlt berichteten sie:

»Mittags, um 11.10 Uhr, heulten die Luftschutzsirenen. Tausende von uns machten sich auf den Weg zu den Sandsteinhöhlen in den Spiegelsbergen, um dort Schutz vor den Bomben zu suchen. Sie müssen wissen, wir hatten in den letzten Wochen etwa 65.000 Menschen in unseren Mauern. Und mehrfach schon hatten wir kleinere Bombardierungen hinter uns gebracht. Daß wir jetzt, wo die Amerikaner dem Vernehmen nach schon im Harz sein sollten, noch einen so radikalen und verheerenden Angriff erleben sollten, ahnten wir alle nicht. Nach nur 15 Minuten, gegen 11.25 Uhr, näherten sich die ersten Bomber der Stadt. Sie kamen in Gruppen über den Harz; direkt auf Halberstadt. Im Sonnenlicht blinkten die Flugzeuge silbern in der Sonne wie Quecksilber. Ein endloser Strom von Bombern…«

Der Beobachtungsdienst auf den Türmen der Martinikirche hatte B-17 Bomber in Begleitung von Mustang-Langstreckenjägern ausgemacht. Die Boeing B-17 galt als »Flying Fortress«, Fliegende Festung, denn sie flog auch bei erheblichen kampfbedingten Beschädigungen weiter. Daher galt sie bei der deutschen Luftabwehr als Festung; sie war kaum vom Himmel zu holen. Dieser schwere Bomber flog mit 10 Mann Besatzung; 4 davon waren MG-Schützen. Sie führte 1000 kg MG-Munition und 4700 kg Bombenlast mit sich.

Die Höhe der anfliegenden Verbände wurde von den Beobachtern auf 3000 Meter geschätzt. Damit war jetzt Halberstadt als Ziel des Angriffes endgültig klar, denn die normale Flughöhe alliierter Bomber auf ihrem Weg von den mittelenglischen Flugplätzen nach Mitteldeutschland betrug 7.000 bis 8.000 Meter. Um effektiv treffen zu können, geht der Verband vor dem Abwurf auf besagte 3000 Meter herunter. Fassungslos berichteten die Überlebenden: »Unsererseits waren kaum militärische Abwehrmaßnahmen zu sehen. Völlig ungehindert kamen die Flieger über uns. Kein deutsches Flugzeug weit und breit! Nur bei Minsleben schossen einsam mehrere Eisenbahngeschütze. Das war‘s dann aber auch. Die Stadt lag völlig schutzlos da, als die Zielmarkierer ihre Christbäume setzten.«

Vier Stunden zuvor trat auf der Flugbasis Podington (Mittelengland) Colonel Pembroke, Stabsoffizier der 8. US-Luftflotte, vor die zum Briefing versammelten Piloten. »Ich gebe Ihnen die Einsatzerläuterungen für den heutigen Angriff bekannt. Einsatzziel ist der deutsche Flugplatz Zerbst und ein Öllager bei Staßfurt. Bei Wolkenbedeckung – und davon sollten Sie ausgehen – Ausweichziel Halberstadt. Kommen Sie mir ja nicht mit vollen Bombenschächten zurück! Ihr Angriff hat die Code-Nummer GY 4822. Flugstrecke bis zum Ziel etwa 850 km. Start um 9.00 Uhr von allen 6 Airbasen nördlich Bedfords. Den Begleitschutz übernimmt in bewährter Weise unsere fliegende Kavallerie mit ihren Mustangs.« Man lachte pflichtschuldigst über den Witz des Chefs. »Zu Ihrer Absicherung fliegen dem Verband zwei schnelle Maschinen voraus, die den elektronischen MANDRY-Schirm bilden. Erfahrungsgemäß wird das die Abwehr der Deutschen unmöglich machen. Als Anflugpunkt und Beginn der Auffächerung gilt die Mädchenschule hier. Das bedeutet, daß alle Maschinen diesen Punkt überfliegen, dort verzweigen sich alle Flugrouten fächerförmig, von dort haben alle Bomber eine nach Sekunden bemessene Zeit zum Abwurf und nur durch straffe Einhaltung des Zeitplanes können wir verhindern, das sich Flugzeuge in verschiedenen Höhenlage selbst bombardieren. Das wär's für heute. Meine Herren: Machen Sie Ihren Job.«

Die Flüchtlinge, verdreckt und immer noch unter dem Schock des Erlebten, setzten ihren Bericht fort:

»Die ersten Meldungen gingen ja gestern Vormittag in der Luftwarnzentrale, die im Gebäude der Hauptpost war, um 10.45 Uhr ein. Da sagte man uns, daß der Bomberstrom in Höhe Marburg sei und weiter in Richtung Erfurt fliegen würde. Aber dann bei Nordhausen drehte der Verband wohl endgültig nordwärts. Um 11.00 Uhr flogen Spitzen des Verbandes schon über dem Harz! Damit bestand höchste Gefahr für Halberstadt – und dann begann das Inferno!

Die ersten Bomben fielen noch an der Bahnstrecke der Blankenburger Eisenbahn. Aber dann wurde das Stadtzentrum das eigentliche Ziel. Es schien, als ob das markante Schulgebäude des Lyzeums als Ansteuerungspunkt für die Bomber diente. Zumindest war das die letzte Sichtung der Luftbeobachterinnen auf den Kirchtürmen, bevor die beiden Frauen dieselben fluchtartig verließen.

Zuerst regnete es Sprengbomben, die Dächer abdeckten, Häuserwände aufrissen und Straßen blockierten. Dann steigerte sich das infernalische Geschehen. Jetzt wurden Brandbomben geworfen…«

Unter den Zuhörern befanden sich mittlerweile auch Roschmann und der 1c, Müller. Müller erklärte den Umstehenden: »Das sind Tonnen eines unlöschbaren Gemisches aus Benzin, Viskose und Magnesiumstaub. Der Brandsatz heißt auch künstliche Lava. Er ist tatsächlich nicht löschbar. Bedenken Sie, daß Halberstadt eine reine Fachwerkstatt ist, also zu 80 Prozent aus Holz besteht! Bei der Anzahl der eingeflogenen Flugzeuge müßten das über 15.000 Bomben gewesen sein. Auf die Innenstadt gezielt, bedeutet das ein Gebiet von nur zwei Quadratkilometern. Da muß es riesige Flächenbrände gegeben haben!«

»Brände? Alles war ein einziger Brand, der dann für viele, die nicht flüchten konnten oder wollten, in ihren Kellern den Tod brachte. Dort, wo sie sich halbwegs sicher glaubten! Wir waren im Keller. Mit uns waren Frauen, Kinder, Säuglinge, Greise. Keine Männer. Wir hielten uns an den Händen. Menschen, die noch nie gebetet hatten, sprachen das Vaterunser. Dann kamen die Einschläge. Der Keller schaukelte. Der Fußboden wackelte. Aus dem Nachbarkeller kamen Hilfeschreie. Eine Frau riß das Kissen aus dem Kinderwagen, um die Ohren zuzuhalten. Als endlich Ruhe eintrat, ließ sich die Kellertür nicht mehr öffnen, wir waren eingeschlossen! Nach Stunden kam Hilfe, wurde eine Kellerwand von außen durchbrochen. Alles flüchtete aus der Stadt, es gingen immer noch Bomben hoch! Wahrscheinlich Bomben mit Zeitzündern, einfach teuflisch! Die Sandsteinhöhlen waren überfüllt, also wurden wir zum Dorf Langenstein weitergeleitet. Dort gab es auch Höhlen, künstliche Stollen, in denen noch vor einer Woche KZ-Häftlinge gearbeitet hatten. Zwischen fertigen Maschinenfundamenten bekam jeweils eine Familie einen Wohn- und Schlafplatz zugewiesen. Auf Stroh mußten wir schlafen, eine gläserne Lampenschale der Stollenbeleuchtung diente als Topfersatz zum Kochen. Übrigens, für uns Flüchtende kam der Tod ebenfalls aus der Luft. Die Begleitjäger gingen im Tiefflug nieder und schossen auf alles, was sich bewegte. Das Brummen der Bomberflugzeuge ging durch den ganzen Körper, Sirenen heulten, Brandbomben wurde abgeworfen. Wir hatten eine Wahnsinnsangst. Die Stadt brannte, brannte und brannte... Sie ist so stark zerstört, daß sie wohl nie wieder aufgebaut werden wird.«

Die Zeiger der Kirchturmuhr schmolzen bei 11.28 Uhr fest.

Die schlechte Frontlage aufgrund der drückenden Überlegenheit der Amerikaner zwang den Armeechef, am nächsten Tag den Befehl zum Absetzen aller Kampfgruppen auf das Harzvorland zu erteilen. Aber am selben Tag konnte General Fretter-Pico nach erfolgreicher Umgruppierung seiner Kräfte endlich losschlagen. Ein stoßkeilartiger Angriff Richtung Süden unter Vortäuschung großer Kampfverbände war befohlen, mit Mühlhausen als Zwischen- und Eisenach als Endziel.

Rüstungsminister Speer war seinerzeit bei der Befehlserteilung an Kesselring persönlich anwesend und erinnerte sich an Hitlers Angriffsbefehl, bei dem dieser einige hundert Panzer einzusetzen gedachte. Um diese Schlacht erfolgreich zu schlagen, fehlte es allerdings an der wichtigsten Voraussetzung; nämlich »einigen hundert Panzern«. Im März und April 1945 gab es zwischen Kassel und der Nordseeküste insgesamt schätzungsweise nur 150 davon. Bei einem Erfolg dieses kühnen Vorhabens wäre die Flanke von General Pattons 3. US-Army ernsthaft bedroht und der rasante Vormarsch auf Mitteldeutschland zum Halten gebracht worden.

Bei Küllstedt und in Struth entwickelt sich die größte Schlacht dieses Krieges auf Thüringer Boden. Im Dorf Struth tobte der Kampf unentschieden hin und her, bis die Amerikaner ihre Reserven heranzogen. Fretter-Pico, der überraschenderweise noch über eine Anzahl unlängst in Mühlhausen per Reichsbahn zugeführter Panzer vom Typ Hetzer verfügen konnte, gelang es aber nicht, diese rechtzeitig nach vorn zu führen. Die US-Air Force fegte mit fünfzehn Mustangs heran und bombte alles fahrunfähig, was sich bewegte. Der Angriff blieb liegen und mußte, nachdem sich die Division Worgitzky zurückzog, ganz abgebrochen werden. Als Nachspiel zu diesem Gefecht verhafteten amerikanische GI's einige Struther Einwohner und drohten mit Erschießung, da diese angeblich amerikanische Stellungen an die Deutschen verraten hätten.

Es war die letzte Offensivoperation der 11. Armee; danach waren ihre Kräfte so geschwächt, daß bis zur Einstellung der Kampfhandlungen nur noch Verteidigungshandlungen möglich waren.

Nach dem Scheitern des Flankenstoßes verließ auch der Befehlszug des Oberbefehlshabers West den Harz. Der Zugoffizier wies den an Bord befindlichen Stabsoffizieren, mit ausgestrecktem Arm zeigend, gleichsam zum Abschied vom Harz, den in der Ferne sichtbaren Brockengipfel. Dieser Berg wurde am 17. April zum Schicksalsberg des Harzes. An diesem Tag wurde um den höchsten Berg Norddeutschlands gerungen. Militärisch hatte die Behauptung des Brockengipfels weder für die allgemeine Lage noch für den Aufmarsch der 12. Armee – wie von Kesselring gefordert – irgendeine Bedeutung und konnte eigentlich nicht viel mehr als ein taktisches Prestigeobjekt sein.

In den Tagen davor gab es im Umfeld des Brockens schon eine Reihe schwerer Kämpfe, so in Clausthal-Zellerfeld, St. Andreasberg, den Siedlungen Oderbrück und Torfhaus sowie Tanne und Elend. Das bisher schwerste Abwehrfeuer der Harzkämpfe schlug den Angreifern am 17. April bei Braunlage entgegen. Die 5. Fallschirmjägerdivision, zusammen mit dem 272. Artillerieregiment und der örtliche Volkssturm leisteten lange Widerstand. Die Amerikaner mußten annehmen, daß hier starke Kräfte zusammengezogen worden waren. Wie so oft bestand ihre Antwort im Zurückziehen der Bodentruppen und dem massiven Einsatz ihrer Luftwaffe. Als Maschinen der US-Air Forces auf den Feldflugplätzen in Westfrankreich gestartet waren, entschloß sich zeitgleich der Kampfkommandant Oberleutnant Denecke, Braunlage zur freien Stadt zu erklären. Es war ihm wichtiger, 5.000 Soldaten nach Rübeland in Marsch zu setzten, um dortige Verteidigungsstellungen zu stärken.

Als die Mustangs P 5 dann über Braunlage waren, konzentrierten sich ihre Angriffe auf den von ihnen sogenannten Hill 1142, auf dem man wegen seiner strategischen Lage wichtige deutsche Beobachtungsstellungen vermutete.

Denn der Brocken wurde schon frühzeitig als Standort für Sende- und Empfangsstationen genutzt. Erste Reichweiteversuche führte die Reichspost 1928 mit gutem Erfolg durch. 1935 fanden erste Fernsehversuchssendungen, zunächst noch mit einer fahrbaren Sendeanlage, statt. Später wurden militärische Sendeanlagen errichtet. Abgesehen von den Marinesendern an der Nordseeküste war diese Sendestelle der stärkste westlich stehende militärische Sender überhaupt. Die Sendevoraussetzungen waren beeindruckend; immerhin konnten theoretisch 25 Millionen Menschen von hier aus erreicht werden. Bei Überreichweiten infolge Inversionswetterlagen reichte die Leistung sogar bis Skandinavien.

Am 15. April wurden vorsorglich der Sendebetrieb eingestellt und das gesamte technische Personal sowie alle Mitarbeiter des Brockenhotels und der Wetterwarte nach Schierke evakuiert. Es verblieb nur eine kleine Wehrmachtseinheit zum Beobachtungs- und Wachdienst. Als der Luftangriff am Spätnachmittag erfolgte, befand sich niemand auf dem Gipfel. Das Brockenhotel brannte bald lichterloh. Der Feuerschein des hoch auflodernden Brandes war in der Nacht bis weit in das Harzvorland zu sehen. Zusammen mit dem einsetzenden Gewitter wirkte dieses Inferno wie ein Fanal zur Beendigung der kriegerischen Auseinandersetzungen. Der Brocken, von Dichtern als der deutscheste aller Berge bezeichnet, schrieb an diesem Tag ein weiteres Kapitel seiner Geschichte.

Nach Teufels- und Hexenzaubern als mystischem Symbol für den wilden, ja heidnischen Harz waren es zuerst die Dichter, die sich von ihm faszinieren ließen. Mit Goethes »Faust« ging der Brocken in die Weltliteratur ein. Später entdeckten ihn die Touristen, so daß man bald alle deutschen Stämme dort oben treffen konnte. Mit dem Brandfanal vom 17. April 1945 aber gab er das unmißverständliche Signal für ein Ende des verheerenden Kriegsgeschehens. Die kampflose Einnahme des Gipfels erfolgte am 20. April gegen 13 Uhr.

Unterdessen entfernte sich Kesselrings rollendes Hauptquartier immer mehr vom Harz. Der unter dem Tarnnamen »Robinson« fahrende Zug hatte zum Schutz vor Fliegerangriffen vorn und hinten je einen gepanzerten Waggon mit Vierlinksflakgeschützen.

Kurz nachdem dieser Zug Blankenburg in Richtung Thale und Quedlinburg verließ, sperrten amerikanische Verbände die Strecke. Der Zug sollte noch zum Kriegsende, über viele Zwischenstationen, bis an die mährisch-österreichische Grenze kommen. Kesselring, der mit seinem Auto viel beweglicher war, verlor die Verbindung zu »seinem« Befehlszug und übernahm deshalb noch am 6. Mai in Kiefersfelden am Kaisergebirge, nahe Kufstein, den herrenlos gewordenen Befehlszug von Himmler.

General Lucht, der dieser »Thüringer« Operation von vornherein keine Erfolgsaussicht zugetraut hatte, bemerkte sorgenvoll: »Hoffentlich kommen wir hier noch mal raus. Der Harz ist für den Feind nur mühsam einzunehmen; für uns kann er allerdings sehr schnell zur Mausefalle werden. Wenn die 12. Armee nicht endlich antritt, geht's uns hier in der Harzfestung wie dem Model an der Ruhr!«

8. April, Gieboldehausen, 21 Uhr

Im Flecken Gieboldehausen saßen vor einem Herrenhaus, an der windgeschützten Seite, zwei Männer abends vor einem Lagerfeuer. Der Ältere war der Kommandeur der hier eingesetzten 326. Volksgrenadierdivision, Generalmajor Kokott. Im gefleckten Kampfanzug der Waffen-SS ihm gegenüber saß Mudra. Er mochte Anfang 40 sein. Beide sprachen mit gedämpfter Stimme. »Ich kann und soll diese Mission unter absoluter Geheimhaltung erfüllen, Herr General. Eine Eskorte ist daher völlig ausgeschlossen. Aber ich muß beweglich sein. Daher bitte ich um die Bereitstellung eines Autos oder Motorrades.«

Kokott winkte ab. »Mein lieber Mudra, das habe ich schon veranlaßt. Meldung morgen früh beim Divisionsschirrmeister Blenke. Sie empfangen dort eine schöne BMW mit Seitenwagen. Damit bekommen Sie ihre Kiste gut transportiert. Den Anrufen aus Berlin nach muß sie ja geradezu kriegswichtigen Inhalt haben. Ich rate Ihnen zu einer Wehrmachtsuniform, ist unauffälliger. Kein zu hoher Dienstrang. Kann sein, daß der Heldenklau Sie sonst vereinnahmt. Am besten Oberfeldwebel. Damit fallen Sie hier in diesem Sammelsurium von versprengten Einheiten nicht auf. Sie haben den Marschbefehl nach Starnberg. Vorsichtshalber werde ich Ihnen noch einen Kurierausweis der 11. Armee als Überbringer von Gekados ausstellen lassen. So dürfte mein Schwager mit uns beiden zufrieden sein. Sind Sie eigentlich mit dem alten General von Mudra verwandt?«

»Jawohl Herr General, er war ein Onkel meines Vaters, hat 1901 den ostasiatischen Feldzug mitgemacht. Träger des Pour le Merite, mit Eichenlaub sogar. War 1918 zusammen mit Hindenburg beim Kaiser in Spa, um Wilhelm zwo die Abdankung zu empfohlen.«

»Ja, ich hörte davon. Da haben Sie einen ordentlichen Recken in Ihrer Sippe. Dessen Blut in Ihren Adern kann bei diesem delikaten Auftrag hilfreich sein. Noch etwas: Wenn ich ausfalle, kann Ihnen hier kaum einer helfen. Der Reichsführer ist weit weg. Das Risiko im Frontbereich für uns beide ist ziemlich hoch. Bei Gefangennahme – man weiß nie, wie das Leben so spielt – könnte der Gegner das Geheimnis aufdecken. Der Inhalt dieser Kiste, das sind Rohdiamanten, aber auch Geschliffene. Sie stammen aus Amsterdam. Waren Sie schon mal dort? Nein? Aber ihre Diamanten schon.« Er schmunzelte über seinen gelungenen Scherz. »Als wir 1940 Belgien und Holland blitzschnell einkassiert haben, war der SS in der Antwerpse Diamantbank in der Pelikaanstraat 54 der Diamantstock Belgiens in die Hände gefallen. Die Evakuierung dieses Schatzes auf die Insel war den Engländern nicht vollständig gelungen. Schwager Heinrich hat von dieser Beute für seinen Sonderfond gleich etwas abgezwackt. Ist doch klar, daß er jetzt genau dieses Vermögen disponibel halten möchte. Wenn ich bedenke, welcher Wert dem Feind in die Hände fallen könnte. Das könnte Millionen wert sein.«

Kokott pfiff dabei leise durch die Zähne. Er sah Mudra von der Seite an. Mudra war drahtig, ein sportlicher Typ. Er hatte blondes Haar mit Geheimratsecken, blaue Augen, die schelmisch, aber entschlossen funkelten. Bei dem sind die Steine in guten Händen. Der ist pfiffig, dem fällt immer etwas ein, dachte er im Stillen. »Keine Sorge, wenn das Ding nicht zeitgleich mit beiden Schlüsseln geöffnet wird, sind durch eine Kombination von Sprengstoff und bakteriologischem Gift der Einbrecher und auch der Inhalt hin!«

Nachdenklich blickten die Männer in das Feuer. Mudra sann den Worten Kokotts nach. Er hat ja Recht, wenn meine Tarnung auffliegt, ist das Vermögen natürlich weg! Auf Himmler kann ich mich berufen, aber wen würde das hier interessieren? Und was wird, wenn eine Gefangennahme unausweichlich wäre? Er beschloß sich gleich morgen früh das Fahrzeug übergeben zu lassen und weiter in das Hinterland der Front zu fahren.

9. April, Forsthaus Riefensbeek

Tags darauf erschien der Oberbefehlshaber West, GFM Kesselring, auf dem Armeegefechtsstand in Riefensbeek. Er erläuterte, daß die amerikanische 9. und 1. Armee im Begriff sei, nördlich und südlich des Harzes vorbeizustoßen. Der Stoß ziele auf die Elbe. Dort kämpfe die Armee Wenk, obwohl eigentlich noch nicht einsatzbereit. Dem Harz drohe jetzt die Gefahr der Einkesselung. Deswegen müßten unverzüglich im Harz Verteidigungsstellungen hergerichtet werden. Der Kampf sei bis zum letzten Mann und zur letzten Patrone zu führen. Der Führer, bei dem er gestern zum Vortrag gewesen sei, wolle es so. Drückebergerei und Defätismus seien rücksichtslos zu bekämpfen.

Kesselring kündigte an, sein rollendes Hauptquartier in den Südraum des Reiches und zunächst in die Oberpfalz zu verlegen. Vorsorglich hatte er seinen Befehlszug von Elbingerode schon am 9. April in Richtung Jena verlegen lassen, denn die Gefahr, daß der amerikanische Angriff Deutschland in einen Nord- und Südteil trennen würde, war groß. Im Norden würde im Bedarfsfall Dönitz, im Süden er führen – das hatte der Führer in vorausschauender Weise festgelegt.

Keiner der Anwesenden ahnte, daß es die letzte Begegnung mit Generalfeldmarschall Kesselring war.

Zum Schluß erfuhren die überraschten Generalstäbler, daß sich auch der abgesetzte OB West, Generalfeldmarschall von Rundstedt, im Dorf Tanne, also in ihrer unmittelbaren Nachbarschaft, aufgehalten hatte. Seine aus Aschersleben stammende Familie hatte dort ein Ferienhaus. Jetzt würde er zusammen mit dem Befehlszug evakuiert und in Sicherheit gebracht werden.

In einem Seitengebäude des Riefensbeeker Forsthauses, in der requirierten Wohnküche des Forstgehilfen Kroll, saßen sich am Küchentisch der Oberquartiermeister der 11. Armee Oberst (i.G.) Linnemann und ein SS-Sturmbannführer gegenüber. Der Sturmbannführer war in seiner Eigenschaft als Kommandant eines fliegenden Standgerichtes hier und sollte den Fall Petrie aburteilen. Normalerweise war für Vergehen oder Befehlsverweigerung die Wehrmachtsjustiz zuständig. Seit aber die Rückzüge immer mehr »in Mode kamen«, genehmigte Hitler einen Vorschlag des Reichsführers SS, mittels drakonischer Strafen, die von den fliegenden Standgerichten, mit außerordentlichen Vollmachten ausgestattet, an Ort und Stelle vollzogen werden sollten, die Kampfmoral zu heben.

»Nachdem ich von diesem unglaublichen Vorgang gestern erfahren habe, bestehe ich auf der sofortigen Einsetzung eines Standgerichtes. Wir beide genügen. In der jetzigen Phase der Kriegsführung ist Gefühlsduselei völlig fehl am Platz«, ereiferte sich der SS-Mann. Ein Soldat des Wachzuges meldete: »Herr Oberst, wie befohlen wird der Oberst Petrie vorgeführt.« Petrie, dem seine Pistole samt Koppel abgenommen war, wurde hereingeführt. Sein Vorgesetzter Linnemann stellte in schneidendem Tonfall sofort klar, daß er ihn in seiner Eigenschaft als Kampfkommandant Harz habe holen lassen, weil Petries Weigerung, Wernigerode zu verteidigen, als Befehlsverweigerung angesehen wurde. Keinesfalls wolle er das hinnehmen! Er werde beim Chef des Stabes Antrag auf Degradierung zum einfachen Soldaten einreichen!

Es hatte für den Verhafteten womöglich den Anschein, daß diese Rede vielleicht mehr dem Kettenhund als ihm selbst galt. Linnemann war allgemein als ruhiger, fast phlegmatischer Vorgesetzter bekannt. Vielleicht war sie als Angebot gemeint?

»Antworten Sie!« Petrie suchte nach Worten, wollte erklären.

Der SS-Sturmbannführer sprang erregt auf und stieß im scharfen Tonfall hervor:

»Überall versagen die Kampfkommandanten der Wehrmacht! In Osterode war erst der dritte Offizier in der Lage, seinen Kampfauftrag durchzuführen, nachdem zwei Kommandanten vor ihm sich geweigert hatten. Das Beispiel scheint ja Schule zu machen! In Wernigerode genau dasselbe! Wissen Sie, was dort nach Ihrer Befehlsverweigerung passierte? Kaum waren die Amis einmarschiert – kampflos! -, waren die Fremdarbeiter los! Die haben am

Bahnhof und an anderen Stellen Lagerhäuser aufgebrochen und geplündert. Deutschen wurde ihr Eigentum gestohlen. Die können sich praktisch überhaupt nicht auf die Straßen wagen! Ganz besonders Frauen und Mädchen!« Wütend ging er in dem kleinen Raum auf und ab. Mit dem ausgestreckten Arm auf Petrie weisend, steigerte er seine Lautstärke:

»Sie hätten die Zilierbachtalsperre sprengen sollen, so wie es vorbereitet war! Der letzte Widerstand, das waren wir, die SS! Wir haben sogar einen unserer Offiziere nachts aus der Gefangenschaft im Wernigeröder Rathauskeller rausgehauen, da können Sie mal sehen, was kämpfen bis zum Äußersten bedeutet. Ihr Verhalten ist eine Schande! Doch damit ist jetzt Schluß. Kraft der Sondervollmachten, die ich vom Reichsführer SS erhalten habe«, – er zeigte einen Ausweis mit rotem Einband – »wird der Oberst wegen Befehlsverweigerung gehenkt. Der Führer hat es deutlich gesagt: Wer den Tod in Ehren fürchtet, stirbt ihn in Schande!«

Linnemann, dem die Einmischung des SS-Mannes in seinem Befehlsbereich unangenehm war, begehrte auf. »Soweit gehen Ihre Vollmachten nicht.«

»Sie gehen sogar noch weiter, als Sie denken. Jeder, der versucht, diese Saboteure und Drückeberger zu decken, ist mit schuldig! Überlegen Sie sich jedes weitere Wort sehr gut, Herr Oberquartiermeister!«

Linnemann wurde nachdenklich. »Kann der Oberst Petrie mal herausgeführt werden?« »Mit Bewachung, ja.« Linnemann, tief betroffen von der vorangegangenen Szene, rang nach Worten, abwägend. »Hören Sie, der Mann hat Verdienste, den können Sie doch nicht einfach aufhängen wie einen Strauchdieb. Bedenken Sie auch seine Dienststellung.« – »Sie wollen einen Vorschlag machen?« Der Sturmbannführer öffnete seine gefleckte Tarnjacke, zog sie aus und hängte sie über die Stuhllehne. Dann setzte er sich, zündete eine Zigarette an. Eine unglaubliche Spannung lag in der Luft. Alle schauten diesen namenlosen Gerichtsherren an, der hier Schicksal spielte.

Es war dann Linnemann, der als erster das Wort ergriff. »Wandeln Sie das Urteil in standrechtliche Erschießung um, ordentlich mit Wachbataillon und allen militärischen Ehrungen.« Der Kettenhund, der sein Ziel erreicht sah, gab sich großmütig. »Meinetwegen. Bedingung ist die sofortige Vollstreckung.«

So ergab es sich, daß dem Wach- und Sicherungszug, der zuletzt den Befehlszug von Kesselring bei Drei Annen Hohne bewacht hatte und der sich jetzt auf dem Rückmarsch zum Gefechtsstand befand, befohlen wurde, die standrechtliche Erschießung vorzunehmen. Petrie, dem die Arme auf dem Rücken gebunden waren sowie zwei Begleitoffiziere fuhren dem Wachzug mit dem VW-Kübel auf Waldwegen entgegen. Kurz vor Elend trafen sie auf die Kolonne. Die Erschießung unter Anwesenheit der Stabsoffiziere, Major Dold und Leutnant Wesemann, durch das Peloton und die sofortige Beerdigung nahmen keine halbe Stunde in Anspruch.

»Sorgen Sie dafür, daß die Nachricht von dieser Exekution über Funk an alle Einheiten geht. Das wird die lauwarmen und feigen Elemente auf Trab bringen.« Oberst (i.G.) Linnemann fiel höchstwahrscheinlich als Kampfkommandant Harz bei den schweren Kämpfen um Elend. Ein Nachfolger wurde nicht mehr eingesetzt.

12. April, Braunlage

Als die beiden wieder in Riefensbeek eintrafen, hatte das Armeeoberkommando bereits nach Braunlage verlegt. Dort erreichte Lucht die Nachricht, daß in Schierke eine Konferenz der Wehrmachtsbefehlshaber und der für den Harz zuständigen Reichsverteidigungskommissare stattfinden sollte.

Als solche fungierten die NSDAP-Gauleiter von Braunschweig/Südniedersachsen Hartmann Lauterbacher und Magdeburg-Anhalt Rudolf Jordan. Es war unverkennbar, daß mit Hilfe des Volkssturms und der Hitlerjugend ein Verteidigungskonzept auf die Beine gestellt werden sollte. General Lucht war kein Freund eines Partisanenkrieges. Er hatte seinen Stab schon auf Schloß Adelebsen angewiesen: Größtmögliche Schonung der Zivilbevölkerung; Zerstörungen von Verkehrswegen nur bei absoluter militärischer Notwendigkeit. Nach Kriegsende wurde festgestellt, daß der überwiegende Teil der gesprengten Brücken nicht von Wehrmachts-, sondern vielmehr von SS-Einheiten zerstört worden war.

Der amerikanische Granatwerferbeschuss auf Braunlage wurde immer stärker, so daß am 14. April der Beschluss gefaßt wurde, mit dem Gesamtstab nach Schierke auszuweichen. Es wurde zunehmend schwieriger, die Kolonne von Stabsfahrzeugen geordnet umzusetzen. Der Kfz-Marsch durch Braunlage dauerte unendlich lange und vielfach mußten die »Kettenhunde« der Feldpolizei regulierend eingreifen. Auf Grund seiner Lage war Braunlage zum zentralen Durchgangsort der Truppen auf dem Weg ihres Rückzuges in den Mittel- bzw. Ostharz geworden. Weil sich hier außerdem zwei Reichsstraßen kreuzten, waren die Straßen mit militärischen und zivilen Kraftfahrzeugen hoffnungslos verstopft.

Lucht empfing vom OB West die Nachricht, daß Teile der 12. Armee auf dem Antransport in den Harz seien, um von dort aus den Feind nach Westen zurückzuwerfen. Mit Reichsbahnzügen unterwegs war die Infanteriedivision »Potsdam«; sie sollte in Quedlinburg und Blankenburg ausgeladen werden. Außerdem sollte sich die Kampfgruppe des General Deckert von Norden her, aus dem Raum Helmstedt, zum Harz hin durchkämpfen. Der Chef seines Stabes, Oberst Estor, schrieb fürs Kriegstagebuch: »11. Armee hält Festung Harz als Aufmarschgebiet und Operationsbasis für 12. Armee.« Dazu aber müssen diese Truppen hinhaltend kämpfend, von Widerstandslinie zu Widerstandslinie, bis in den schwer zugänglichen Mittelharz ausweichen und dabei Truppe und Bewohner möglichst schonen. Geschätzte 100.000 Mann der Wehrmacht, Waffen-SS, des Reichsarbeitsdienstes, der Polizei, des Volkssturmes und Lazarettinsassen stehen für die Harzverteidigung zur Verfügung. Wenn nun die 12. Armee eingreifen und Seite an Seite mit den Truppen der Harzfestung kämpfen würde, dann, so glaubten jetzt viele, würde man die Alliierten im Westen des Reiches noch einmal zurückwerfen können.

Die allgemeine Niedergeschlagenheit wich und eine hoffnungsvolle Erwartung verbreitete sich. Könnte sich das Blatt tatsächlich noch einmal wenden?

IV

Zu dieser Zeit war der Harz aus militärischer Sicht ein Verteidigungsbollwerk, aber längst kein sicherer Zufluchtsort für Zivilisten mehr. Die Bewohner des Harzes nahmen die Situation so hin, wie sie eben war; was hätten sie auch dagegen machen können? Gewohnt, dem rauhen Gebirge zu trotzen, fügten sie sich dem Schicksal. Wichtige Personen oder auch Dienststellen jedoch, meist jene, die noch einen Überblick über die Gesamtlage hatten, versuchten den Harz Richtung Osten zu verlassen. Deutlich zeigte sich der Fluchtgedanke nach Osten bei den auf Evakuierungsmärsche befohlenen Konzentrationslagern beziehungsweise deren Außenlagern. Der Harz wurde entweder von vornherein gemieden oder möglichst schnell in West-Ost Richtung überquert. Auf diesen Todesmärschen wollte die SS-Führung Häftlinge dem zukünftigen Machtbereich der Sieger entziehen, um so noch ein Unterpfand für Verhandlungen zu haben. Fast immer fehlte es aber an Transportmöglichkeiten – die wenigen Zug- oder LKW-Transportkapazitäten waren der Wehrmacht vorbehalten – also mußte die Evakuierungsstrecke im Fußmarsch absolviert werden. Stets wurden diese Lager in letzter Minute auf den Marsch geschickt, in der Regel standen die Alliierten nur noch ein bis zwei Tage vor dem Lager. Für die Lagerinsassen, die sehnsüchtig ihrer Befreiung entgegenfieberten, war es eine besondere Qual, unter diesen Umständen, dazu krank und unterernährt, Tagesmärsche von 30 oder 45 Kilometer absolvieren zu müssen. Wer aus Hunger, Schwäche oder Verzweiflung am Straßenrand umsank, wurde von den Bewachern erschossen; kein Häftling sollte lebend in die Hände des Gegners fallen! Auch Erschießungen größeren Ausmaßes fanden statt, so daß viele Straßen des Harzes und seines Vorlandes gleichsam Todeszonen wurden, ohne daß militärische Kampfhandlungen dort stattfanden. Eines dieser Lager war das KZ-Außenlager Brunshausen, heute ein Stadtteil von Bad Gandersheim, wo am 4. April 500 Häftlinge auf den beschwerlichen Marsch Richtung Osten geschickt wurden. Über Bad Grund, Clausthal-Zellerfeld, Braunlage und Elend erreichte dieses KZ auf Wanderschaft Wernigerode. Mit dieser Harzüberquerung war der Marsch keinesfalls zu Ende. Von dort ging es immer am Nordharzrand entlang weiter über Blankenburg, Thale, Ballenstedt bis Meisdorf, das am 12. April erreicht wurde. Ein unvorstellbares Martyrium hatten die Überlebenden durchgemacht. Infolge der strikten Befehlstrennung wurden diese Elendszüge von der kämpfenden Truppe im Harz kaum bemerkt – sie hatte sich darum nicht zu kümmern. Anders beim rückwärtigen Personal und den zivilen Dienststellen. Von denen, die Unterkunft und Verpflegung stellen sollten, hatten die Häftlinge keine Hilfe zu erwarten. Auch die Bevölkerung verhielt sich abweisend oder passiv. Im fünften Kriegsjahr waren die allermeisten Deutschen abgestumpft und vielfach mit eigenen Existenzsorgen überladen. Daß den Häftlingen hier und da etwas Eßbares zugesteckt wurde, bildete die rühmliche Ausnahme und konnte nicht verallgemeinert werden. Während des Vormarsches der Amerikaner eroberten die GI's mehrere Konzentrationslager, in denen zurückgebliebene, sich selbst überlassene Häftlinge dahinvegetierten. Die Sterblichkeitsrate dieser Menschen war noch lange nach Kriegsende erschreckend hoch. Die in den Lagern vorgefundenen Zustände empörten und radikalisierten die amerikanischen Soldaten. Diese Empörung ließen sie mehrfach die deutsche Bevölkerung spüren, indem Einwohner von benachbarten Orten zu Aufräum- und Bestattungsarbeiten gezwungen wurden. Die ehemaligen Häftlinge, nun freie Menschen, machten sich auf den Weg in ihre Heimatländer, aus denen sie einst verschleppt wurden. Dabei kam es sogar zu einigen Verhaftungen. Ehemalige KZ-Insassen konnten sich nicht ausweisen und fanden sich, zusammen mit ihren mittlerweile verhafteten ehemaligen Bewachern, in Kriegsgefangenlagern als vermeintliche Wehrmachtssoldaten wieder. Einige ehemalige KZ-Lager sollten später aufgrund der riesigen Wohnungsnot als Wohnstätten nachgenutzt werden, allein die unbeschreiblichen hygienischen Zustände ließen solche Vorhaben scheitern. Nur vereinzelt sind heute KZ-Bauten mit Nachnutzung als Wohnraum nachweisbar. KZ-Gedenkstätten und Hinweise auf Todesmärsche sind heute wichtige regionale Zeugnisse des damaligen Geschehens.

14. April, Rathaus zu Schierke

»Die Beratung hat außer Durchhalteparolen nichts, weniger als nichts ergeben!« Oberst Estor ist empört. »Die groß angekündigten Kräfte. Wo sind sie? Selbst die 12. Armee kommt nur in Teilen an, weil sie – Führerbefehl! – nach Osten, zum Entsatz der Reichshauptstadt eingesetzt wird. Unser OB West war wohl zu Scherzen aufgelegt, als er uns diese Armee versprach. Als wenn wir die nicht selber dringend nötig hätten. Gerüchteweise erfuhr ich, daß der Gauleiter Lauterbacher aus Hannover getürmt sei und sich jetzt als Handelsvertreter ausgibt. Er soll außerdem einen Opel Blitz randvoll mit Zigaretten dabei haben! Also war diese Konferenz nur vorgeschoben, ein Alibi für seine feige Flucht. Und für dieses Pack halten wir unsere Knochen hin.« »Laß es gut sein, Fritz.« Lucht bedeutete ihm mit einer Geste, Platz zu nehmen. »Von Jordan und Lauterbacher war ja nichts anderes zu erwarten. Aber jetzt, wo wir erfahren mußten, daß der Harz zu drei Vierteln eingekreist ist, stellt sich die Frage nach dem Sinn unseres Kampfes. Kräftebinden im Harz, das geht nur noch auf Kosten der Substanz der Armee. Seit Einsatzbeginn der 11. kein richtiger Nachschub! Wir können uns ausrechnen, wann wir wegen Treibstoffmangel liegen bleiben werden. Ich habe den Zusammenbruch von 1918 mitgemacht. So etwas will ich nicht zum zweiten Mal erleben! Die Truppe hat ehrenhaft gekämpft, sie muß auch ehrenhaft die Waffen niederlegen können! Wir sollten eine geordnete Kapitulation anbieten. Die Amerikaner sind mit ihren Spitzen an der Elbe. Unser Widerstand nützt keinem mehr.«

Estor wandte ein: »Herr General, es heißt, dass zum Geburtstag des Führers die neuen Waffen erstmals eingesetzt werden sollen!« »Das Gerücht hält sich schon länger, lieber Fritz. Ich glaube, unser 1a hat es aus Berlin mitgebracht«. »Ich frage mich, wo diese Wunderwaffengläubigkeit herrührt. So naiv kann doch kein normal denkender Mensch sein«, meinte kopfschüttelnd der Oberst. »Sagen Sie das nicht«, entgegnete General Lucht, »der Begriff selbst stammt erstens schon aus dem Ersten Weltkrieg. Das 42-cm Geschütz, die ›Dicke Bertha‹, wurde damals schon als Wunderwaffe tituliert. Zweitens kommt hier die Propaganda ins Spiel und da wird immer gern übertrieben. Aus solcher Sicht muß es zwingend Geheim- oder Vergeltungswaffen heißen. Deren Durchnumerierung soll ein großes Arsenal kriegsentscheidender Waffen suggerieren. Die Propagandawirkung ist in diesem Fall größer als die militärische zu bewerten. Allerdings darf man auch auf keinen Fall verkennen«, er goß sich einen Tee ins Glas und trank einen Schluck, »diese Waffen haben ein gewaltiges militärisches Potential. Ich hab's auf der letzten Kommandeurstagung des OKH aus der Rede von Generaloberst Jodl mitgeschrieben. Danach haben wir die V-Waffen 1, 2 und 3. Während die V-1 ein unbemanntes Flügelgeschoß ist, handelt es sich bei der V-2 um eine Rakete großer Reichweite. Wir können durch den Einsatz dieser Raketen den Einsatz von Piloten in Bomberflugzeugen einsparen, zumal ausgebildete Piloten immer knapper werden. Die V-3 schließlich ist eine Superkanone, die bei 1500 m/s Mündungsgeschwindigkeit Geschosse vom Kaliber 15 cm und 25 kg über 140 km verschießen kann.«

Man schwieg beeindruckt. Nach einer Pause fragte Estor: »Es wäre doch gerade jetzt, wo wir militärisch in höchster Not sind, außerordentlich wichtig, diese Waffen einzusetzen. Warum sieht und hört man im Wehrmachtsbericht nichts davon?« Lächelnd sah Lucht seinen Gegenüber an. »Das wüßte ich auch sehr gern. Aber Wunder dauern ja bekanntlich etwas länger. Es scheint so, als wenn einige Erfindungen noch nicht ganz ausgereift sind. In seiner Rundfunkrede vom 30. Januar hat der Führer den Endsieg durch den Einsatz eben dieser Wunderwaffen versprochen, nur der Erfolg will sich leider nicht einstellen. Allein von der V-1 wurden 12.000 Stück verschossen. Dieses Ferngeschoß in Flugzeugform trägt fast eine Tonne Sprengstoff. Ab Juni 44 wurden Großziele wie London oder Antwerpen damit beschossen. Nachteilig ist die hohe Streuung und die Geschwindigkeit von nur 650 km/h. Da unsere festen Abschußrampen mit ihren fest eingestellten Zielen den Engländern trotz Tarnung bekannt waren, brauchten sie beim Anflug der Flügelbombe nur Sperrfeuer mit ihrer Flak zu schießen. So wurde ein Erfolg dieser Waffe verhindert. Bei der V-2 ist alles komplizierter. Das ist eine ballistische Fernrakete, die in der Lage ist, mit Überschallgeschwindigkeit zu fliegen. Reichweite etwa 300 km. Sprengladung eine Tonne. Damit geht das Projekt weiter als das von der Luftwaffe entwickelte Flügelgeschoß. Dieses Vorhaben wurde ebenfalls in die höchste Dringlichkeitsstufe der Heereswaffenentwicklung aufgenommen. Der Führer will die neuen Waffen zunächst nur im Westen einsetzen. Zum einen sieht er gewisse Chancen, durch militärische Erfolge die Westmächte zum Ausscheren aus der Allianz mit Rußland zu bringen. Andererseits wird durch den Beschuß von London, Paris und anderen Städten eine Situation der Angst und Panik unter der Zivilbevölkerung hervorgerufen, die sich ungünstig auf die Kriegsmoral auswirken muß. Diese Rakete ist die erste weitreichende Rakete der Menschheit überhaupt! Bei senkrechten Versuchsschüssen an der Ostsee wurde die Grenze zum Weltraum erreicht! Verantwortlich für die ganze Sache ist jetzt SS-Obergruppenführer Dr. Kammler. Er ist Bevollmächtigter des Führers für Strahlflugzeuge, ein interessanter Titel, wie ich finde.«

Lucht machte eine Pause, um seine abschweifenden Gedanken wieder zu sammeln. Er spürte, daß sein Zuhörer bei diesem Thema nicht lockerlassen wollte. Deshalb rekapitulierte er die ihm bekannten Zusammenhänge: »So geheimnisvoll der militärische Einsatz der Rakete auch ist, die Herstellung derselben ist es nicht minder. Schon seit Ende der zwanziger Jahre wurde in Deutschland Raketenforschung betrieben. Als das Heer den Nutzen für sich erkannte und erste Forschungsgelder flossen, zeichnete sich die Kontur einer neuen Waffe, ja eigentlich einer neuen Waffengattung ab. Mit Hilfe der im extra dafür geschaffenen Raketenforschungszentrum Peenemünde auf der Insel Usedom versammelten Forschergemeinschaft, unter denen Wernher von Braun sicherlich der bedeutendste ist, gelang der Durchbruch bei mehreren Schlüsseltechnologien. Dessen Arbeitsgruppe hatte schon um 1936 wichtige Grundlagen für diesen Durchbruch geschaffen. In den Jahren des Raketenforschungszentrums übten sein Verstand, gepaart mit Charisma und Geschäftstüchtigkeit einen bestimmenden Einfluß auf das Vorhaben aus. Die Entwicklung zur Serienreife war von einer Reihe technischer Fehlschläge begleitet, aber schließlich flog sie doch, die Rakete. Die Herstellung geschah übrigens bis vor kurzem hier in der unmittelbaren Umgebung, in Nordhausen. Dort gibt es eine unterirdische Fabrik mit ungeheuren Ausmaßen. Das war das Reich der SS. Bei denen heißt dieser Komplex nicht Mittelbau, sondern Lager Dora. Die deutschen Fachkräfte hat man ebenfalls hier in unmittelbarer Umgebung des Mittelwerkes untergebracht. Allein vor zehn Tagen waren in Rübeland alle Führungspersonen des Rüstungsstabes versammelt. Hauptamtsleiter Saur, rechte Hand von Rüstungsminister Speer, verteilte da sogar noch einige Ritterkreuze.«

Lucht war nun in seinem Element und fuhr in seinem Vortrag weiter fort: »Wir haben also in unserem Befehlsbereich nicht nur diese unterirdische Fabrik, die man sich als Konzentrationslager vorstellen muß, sondern über den Gesamtharz verteilt eine Menge Außenlager. Über die zur Bewachung der Lager eingesetzten SS-Totenkopfverbände dürfen wir nicht verfügen; davon getrennt sind die Verbände der Waffen-SS zu sehen; die unterstehen uns befehlsmäßig. Schade, daß zur Zeit keine Raketen abgeschossen werden, hätte mir das gern angesehen. Über die von mir beschriebenen V 1 bis 3 hinaus gibt es noch mehr Projekte, von denen ich allerdings nicht genau sagen kann, ob sie wirklich zum Einsatz kommen. Bei den Unterseebooten, die übrigens in Blankenburg, gewissermaßen gleich um die Ecke entwickelt wurden, gibt es jetzt ein Boot, das außenluftunabhängig fahren kann. Enorme Seeausdauer ist dadurch gegeben. Bei den Flugzeugen wäre da die Me-262, der erste Düsenjäger und die Me-163 als raketengetriebener Objektschutzjäger. Weiterhin gesteuerte Gleitbomben, Flugabwehrraketen und vieles andere. Das sind selbstverständlich gute Entwicklungen, die die Truppe auch nötig braucht. Aber die gibt's bei allen anderen Armeen auch, deshalb muß man nicht jede Neuentwicklung zur Wunderwaffe erheben. Ich muß allerdings gestehen, beim Volk kommt das gut an und irgendetwas sollte den Siegesglauben der einfachen Volksgenossen im fünften Kriegsjahr ja schon befeuern. Im übrigen haben durch die Gerüchte über unsere Wunder- bzw. Vergeltungswaffen die gegnerischen Spione immer gut zu tun. So werden unsere Gegner vielleicht ein wenig vorsichtiger.« Beide schmunzelten. »Aber neue Waffen hin oder her, die 11. Armee ist dadurch auch nicht mehr zu retten! Morgen fällt die Entscheidung zur Kapitulation. Die Sache ist natürlich heikel. Wir kennen den Führerbefehl über das Verbot von Kapitulationen. Das gibt Sippenhaft für die Angehörigen. Ich telefonierte vor kurzem mit dem Kampfkommandanten General Radtke in Halle. Der würde lieber jetzt und sofort kapitulieren! Aber die Furcht vor den Schikanen und vor allem der angedrohten Sippenhaft aller Familienangehörigen ließ ihn diesen Gedanken wieder verwerfen. Wieviel Leid und sinnlose Zerstörungen ließen sich in unserem teuren Vaterland ohne diesen Befehl wohl vermeiden? Andererseits werden wir in nächster Zeit eingeschlossen sein, dann können die Herren in Berlin uns mal kreuzweise. Entscheidend wird sein, wie sich unsere Feldpolizei und Standgerichte dazu stellen. Erst heute mußte ein Zugführer der 272. Volksgrenadierdivision in Elend standrechtlich erschossen werden. Hatte befohlen, die Geschütze unbrauchbar zu machen. Eigenmächtig. Solchen Eskapaden müssen wir vorbeugen. Es darf kein allgemeiner Zusammenbruch werden!«

In Estors Kopf überschlugen sich nach diesem Vortrag Luchts die Gedanken. Kapitulieren? Kann man das mit seiner Offiziersehre vereinbaren? Einstmals hatte er, wie alle anderen, dem Führer des Großdeutschen Reiches und Oberbefehlshaber der Wehrmacht bedingungslose Treue bis in den Tod geschworen. Aber die bitteren Rückzüge der letzten Tage und die Aussichtslosigkeit ließen ihn schwankend werden. Müssen weiter sinnlos Männer in den Tod geschickt werden oder sollte man aufgeben?

15. April, Hornberger Kalkwerk, nordwestlich Elbingerode

Am 15. April fuhr die Kolonne der Stabsfahrzeuge von Schierke über Drei Annen Hohne nach Elbingerode. Als halbwegs getarnter Standort für den Gefechtsstand wurde das Kalkwerk Hornberg gewählt. Dort hielt Lucht Kriegsrat unter freiem Himmel. Er ist des Kampfes und der ständigen Rückzüge müde. Wenigstens das Wetter schien ihn aufmuntern zu wollen, es war ungewöhnlich mild geworden. Vom Standort des Kalkwerkes hatte man einen guten Rundumblick über die Umgebung. Da war das steil aufragende Hohnemassiv, das vom Brocken und vom Wurmberg gekrönt wird. Überall tiefe Fichtenwälder. Nach Königshütte und um Elbingerode dominierten Weideflächen.

Hier sollte man kapitulieren, denn es gab nichts mehr zu gewinnen. Die Offiziere schlossen sich seiner Auffassung an. Immer wieder wurde der spürbare Mangel an Treibstoff und Munition vorgebracht. Die Einheiten waren stark dezimiert und hatten während des Rückzuges 30 bis 40 Prozent ihrer Kampftechnik aufgeben müssen. Das traf insbesondere auf die Artillerie und die Panzer zu. Verteidigungslinien gab es trotz großspuriger Ankündigungen nicht mehr. Jegliche Kampfhandlungen waren improvisiert. Die Kampfmoral der Soldaten ließ nach. Eine große Ausnahme bildeten die Einheiten der Waffen-SS. Diese Männer waren ebenfalls abgekämpft, allein ihr fanatischer Glaube richtete sie immer wieder auf. »Meine Ehre heißt Treue« – aus diesem Spruch, der auf jedem ihrer Koppelschlösser zu lesen war, bezogen viele ihre Verblendung – ihren Glauben an einen Sieg. Allerdings wurde bei jeder Verpflegungsmöglichkeit auch Pervitin ausgegeben; ein synthetisches Aufputschmittel, das 70 Jahre später unter dem Verkaufsnamen Crystal wiederauferstehen sollte. Und es hielt sich hartnäckig das Gerücht, daß um den 20. April etwas Großes, Entscheidendes passieren würde ...

In die Beratung hinein wurde die Ankunft des Hauptmanns Dirks gemeldet. Lucht beorderte ihn zu sich. »Herr General, auf Befehl des Kommandeurs der 116. Panzerdivision, Major Lambert, sollte ich unseren Panzerinstandsetzungszug, der bereits zur Armee Wenk abkommandiert wurde, in den Harz zurückbeordern. Infolge des Festungsbefehls ist die Anwesenheit der Spezialkräfte für die Kampfführung von entscheidender Bedeutung. Da keine Funkverbindung mit dieser Einheit zustandekam, mußte ich persönlich hinterherfahren. Ich habe sie in Bernburg an der Saale gerade noch erwischen können.«

Diese Nachricht ergab eine neue Sachlage. Also war noch ein Korridor zu den deutschen Linien offen! Nun wurde der OB bedrängt, den Ausbruch aus der Harzfestung zu wagen. Der Generalstab ging sogleich an die Planung. Da die Masse der 11. Armee im Harz eng an den Gegner gebunden war und der Treibstoff nur für wenige Fahrzeuge reichte, beschloß man, vorwiegend den Generalstab als den wertvollsten Teil der 11. Armee ausbrechen zu lassen. Diese kleine Einheit, nur etwa 200 Mann, könnte es vielleicht schaffen. Der Ausbruch sollte im geeigneten Moment blitzartig in Richtung Saale erfolgen, wo man die Armee Wenk zu finden hoffte, der man sich anschließen wollte. Zur Sicherung des Aufmarsches wurde im benachbarten Elbingerode ein Kampfkommandant eingesetzt. Somit wäre die rückwärtige Flanke gedeckt. Als Speerspitze für den Durchbruch waren die vier Königstiger vorgesehen, die Kesselring mit seinem Befehlszug in den Harz gebracht hatte. Hauptmann Dierks bekam den Befehl, diese Panzer in den Bereitstellungsraum für den Ausbruch, nach Blankenburg, zu bringen.

16. April, Bergwerk Büchenberg

Oberfeldwebel Mudra, der mittlerweile dem Stabsintendanten Lampert zugeteilt war, erfuhr, daß er auf dem zweiten Panzer mitfahren sollte. Zunächst galt es, sich beim 66. Korps, dessen Stab auf der Zeche Eisenerzbergwerk Büchenberg saß, zu melden. Dierks und Mudra wurden in ein Büro des Verwaltungsgebäudes geführt. »Obersteiger«, entzifferte er die Aufschrift an der Tür. Im Büro saß allerdings ein Generalleutnant. Er trug das Ritterkreuz mit Eichenlaub. General Flörke diente unter anderem vierzehn Jahre in unmittelbarer Nähe, in Halberstadt. Er kannte daher den Harz gut und er kannte den Oberbefehlshaber Lucht. Dieser hatte vor ihm das 66. Korps geführt und zuletzt in der Ardennenschlacht mit dem Korps gefochten; dafür das Eichenlaub am 9. Januar aus der Hand des Führers erhalten. Später wurde Lucht Anfang März im Ruhrkessel vermißt, konnte sich aber mit einigen wenigen Männern zu den eigenen Linien durchschlagen. Der Mann also kannte sich mit Ausbrüchen aus schwerer Lage bestens aus. Flörke vertraute deshalb dem Ausbruchsplan seines langjährigen Kameraden. Ihr gutes Verhältnis hatte denn auch zu Luchts Vorschlag geführt, ihn, Flörke, als seinen Nachfolger in der Führung des 66. Korps zu benennen. Nachdem die Ordonanz die Neuankömmlinge gemeldet hatte, kam Flörke sofort zur Sache: »Der Ausbruch ist für den 17. oder 18. April geplant. Solange wie unsere Vorausabteilung aus Blankenburg keine genauen Nachrichten schickt, bleiben wir zunächst hier oben im Gebirge. Die Masse unserer noch verbleibenden Truppen wird hier massiert, um den Ausbruch zu decken und die Amerikaner so lange wie möglich zu binden. Absolute Geheimhaltung ist erforderlich, damit kein Landser in Gefangenschaft unsere Pläne ausplaudern kann. Die aus dem südlichen Mittelharz zurückgehenden Kräfte sammeln sich am Harznordrand bei Thale, um die südliche Ausbruchsflanke zu decken. Das Armeeoberkommando nimmt an, daß der Fluchtkorridor in Richtung Staßfurt/ Bernburg noch offen ist. Bekannt ist, daß die Amis in Halberstadt und weiter Richtung Oschersleben bis Magdeburg stehen. Eine nördliche Flankendeckung wird es für uns nicht geben können. Inwieweit der Raum hinter Blankenburg noch feindfrei ist, vermag ich nicht zu sagen. Der Führungsstab soll nun nicht in letzter Minute weggefangen werden. Darum bleiben wir erst einmal im Raum Elbingerode-Hüttenrode-Heimburg stehen. Der OB will sich in der Forstsiedlung Eggeröder Brunnen bereit halten. Sie fahren heute im Nachtmarsch und stellen im Raum Timmenrode-Cattenstedt unsere Vorhut zusammen. Klären Sie umgehend die Spritfrage. Wenn es aus dem Aufstellungsraum losgeht, werden Sie nirgendwoher noch Treibstoff bekommen. Also Bevorratung bis zur Saale! Ruhen Sie sich jetzt nochmal aus, versuchen Sie zu schlafen. Ihr Führer, ein ortskundiger Förster, kommt um 21 Uhr.«

Nacht vom 16. April auf den 17. April, Panzerraid nach Blankenburg

Bei völliger Dunkelheit fuhren die drei Königstiger ab. Ohne anzuhalten ging es durch die Siedlung Eggeröder Brunnen über verschlungene Waldwege, bis kurz nach Mitternacht der Führungspanzer hielt. Der Förster erklärte, sie befänden sich auf dem Gänsewiesenweg, seitlich des Dorfes Hüttenrode. Ein dringendes Bedürfnis vorgebend, verschwand er im Hochwald. Nach einer längeren Wartezeit dämmerte in Hauptmann Dierks ein häßlicher Verdacht. Nach weiteren 20 Minuten Wartezeit wurde die Flucht des Försters zur Gewißheit. Ohne Führer befahl Dierks die Weiterfahrt durch die Nacht. Man erreichte die Reichstraße 27. Über Hüttenrode stiegen Leuchtkugeln auf. Minutenlang war die Landschaft in gleißende Helligkeit getaucht. Gleichzeitig lieferten die hohen Altfichten fast schwarze Schlagschatten. In der Ferne war ununterbrochener Geschützdonner zu hören. Der Nachtwind trieb einen starken Brandgeruch heran. Eine gespenstische, wie unwirklich anmutende Szene: Da tobte eine Schlacht ...

Dierks meinte die Richtung verloren zu haben. Sie brauchten dringend die Orientierung in Richtung Blankenburg, zumal die Kämpfe näher zu kommen schienen. Es galt aber auch besonders vorsichtig zu sein. Auf keinen Fall durften sie in das Schlachtgetümmel geraten, denn das hätte den Auftrag gefährdet. Der Hauptmann beriet sich mit Oberfeldwebel Mudra. Sie beschlossen, zusammen auf Spähtrupp zu gehen. Nach dem Überqueren der Straße sah Dierks für Sekundenbruchteile den roten Punkt einer Zigarettenglut. Ein Mensch! Extrem vorsichtig und ständig bemüht kein Geräusch zu verursachen, pirschten sie sich weiter heran. Ein Betriebsgelände tat sich vor ihnen auf, mit Gleisen einer Kleinbahn. Wahrscheinlich waren sie auf ein Bergwerksgelände geraten. Unvermittelt stießen sie auf eine Gruppe Zivilisten. Gott sei Dank – Deutsche! Es stellte sich heraus, daß hier Angestellte der Bergwerksverwaltung patrouillierten. Mit gedämpfter Stimme sprechend, stellte sich ihr Anführer als der Steiger Wisse vor.

»Wir haben seit dem 10. April die Eisenerzförderung eingestellt. Die Ostarbeiter und Gefangenen sind schon vorher abtransportiert worden. Jetzt passen wir hier auf, damit nichts geklaut wird. Sie müssen wissen, daß wir so kurz vor dem Kriegsende zum Verlagerungsort geworden sind. Im hinteren Teil dieses Stollens«, er deutete auf eine Öffnung am Berghang, »sind jede Menge Jagdtrophäen eingelagert worden. Es sind Hirsch-, Elch- und was weiß ich noch für wertvolle Geweihe aus dem persönlichen Besitz des Reichsmarschalls Göring. Auch deswegen passen wir auf. Unser Betriebsführer Kollmann mußte den Empfang quittieren. Ob allerdings tatsächlich nur Jagdtrophäen in den vielen Kisten sind – wer weiß. Es hat zwei Tage gedauert, den Inhalt zweier Güterwaggons in den Stollen einzulagern.« Der Spähtrupp wurde zum Stollen geführt. Eine schwere Holztür wurde aufgestemmt, dahinter, im fahlen Licht kleiner Karbidlampen saßen in endlosen Reihen alte Männer, Frauen und Kinder. »Wir erhielten gestern Abend Feindalarm«, erzählte der alte Steiger. »Die Sirene heulte einen schauerlichen Dauerton. Das bedeutet, daß die gesamte Dorfbevölkerung in diesen Schutzraum muß. Schon eine Woche zuvor mußten wir hier Sitzgelegenheiten bauen. Gern kommen die Leute nicht hierher, vor allem haben sie Angst um ihre Häuser. Wir wissen alle nicht, ob unsere Wohnungen noch stehen, wenn wir hier heil herauskommen.« Sogleich erhob sich allgemeines Klagen rings um die kleine Gruppe. Frauen mit Kindern, Neugeborene darunter, wollten wissen, was draußen los sei. Mehrmals wurde gefragt, ob der Krieg schon zu Ende sei? Dierks wurde es ungemütlich. Er mußte hier raus. Also fragte er Wisse, wie er nach Blankenburg käme. Dieser lehnte es ab den Führer zu geben. Er beschrieb ihnen aber genau den Weg.

Als die Tür hinter ihnen den Stollen wieder verschloß, atmeten beide dankbar die kühle Nachtluft ein. Lieber im freien Gelände kämpfen als in dieser gespenstischen, feuchtwarmen Bergwerksatmosphäre sitzen zu müssen! Sie warteten auf das Aufsteigen von Leuchtkugeln am Nachthimmel, um sich orientieren zu können. Da! Kurz reflektierte ein Glas der Zieloptik am Führungspanzer. So fanden sie ungefährdet zurück. Vorsichtig sichernd fuhren sie auf die Reichsstraße. Das Bergwerk Braunesumpf lag wieder in tiefster Dunkelheit.

Was Dierks und Mudra nicht wußten: In der nächsten Nacht würde hier der Teufel los sein. Durch die Einnahme Hüttenrodes durch die Amerikaner verschob sich der Artilleriebeschuß bis zum Bergwerk. Das schöne Zechenhaus, ein Fachwerkbau aus den zwanziger Jahren, erhielt einen Volltreffer und brannte aus.

Die Betriebsunterlagen und Grubenkarten wurden beim anschließenden Brand vernichtet. Das Löschvorratswasser war von der seit Tagen im Stollen hausenden Bevölkerung aufgebraucht worden. Vier anwesende Grubenwehrmänner retteten ein Großteil ihrer Ausrüstung, konnten jedoch wegen des Löschwassermangels dem Brand nur hilflos zusehen. Am 20. April verließen die Hüttenröder den Stollen – die Amerikaner waren da! Noch vier Stunden zuvor schockierte eine Durchsuchung des Mühlenwegstollens die Anwesenden. Sie galt fahnenflüchtigen Wehrmachtsangehörigen. Zwei Soldaten, die sich weit hinten im Stollen hinter Gerümpel versteckt hielten, wurden von den Kettenhunden der Feldpolizei aufgespürt und, unsanft vor sich herstoßend, aus dem Stollen geführt. Alles Jammern und Flehen der Frauen nutzte nichts, die beiden wurden als Deserteure unmittelbar vor dem Mundloch erschossen! Das geschah drei Stunden vor Kriegsende! Auch in der Nähe des Schrankenwärterhauses »Posten A« wurden noch zwei SS-Rekruten und ein Rottenführer hingerichtet.

Steiger Wisse konnte die Bilder und Erinnerungen aus diesen letzten Kriegsstunden auch viele Jahre nach Kriegsende nicht verdrängen: »Die Kämpfe um unser Dorf wurden teilweise verbissen und mörderisch geführt. Es begann mit einem für die Amis eigentlich untypischen Nachtangriff. Dabei ging der Bahnhof in Flammen auf. Als es Vormittag wurde, verlagerten sich die Kämpfe mehr und mehr zur Hüttenröder Hochebene. Auf der Straße nach Rübeland gab es schwere Verluste für die Angreifer. Am gegenüberliegenden Sonnenberg lag die SS und schoß alles zusammen. Mehrmals warf sie die Schützenkette der Amis zurück. Dann zogen die vom Eggeröder Brunnen her ihre Panzer vor. Das Oberdorf bekam jetzt Einschlag auf Einschlag. Eine Reihe Schützenlöcher hinter den Arbeiterwohnhäusern am Rande der Feldflur wurde vollständig aufgerollt; viele, teils blutjunge Soldaten verloren dort ihr Leben. Aus der letzten Straße des Oberdorfs schoß ein deutscher Kampfpanzer und traf auch mehrere amerikanische Sherman-Panzer. Das verbitterte die Amis so sehr, daß sie rasend wurden. Bei den ersten Häusern am Ortsrand im Bereich der Altenbraker Straße trafen sie auf verschanzte SS-Truppen. Diese Einheit trug den Thor-Hammer als Tätowierung am Arm und leistete erbitterten Widerstand. Deutsche Geschütze, darunter sogar die berühmte und gefürchtete 8,8 cm, schossen Sperrfeuer, um die angreifenden Amerikaner und Kanadier von ihren rückwärtigen Verbindungen abzuschneiden. Ein im Ort abgestellter Wehrmachtsmunitionswagen flog durch einen Volltreffer in die Luft. Dabei wurden viele Häuser direkt oder durch die Druckwelle zerstört. Das Oberdorf wechselte mehrmals den Besitzer. Als der Widerstand an der Altenbraker und Rübeländer Straße zusammenbrach, war für die US-Einheiten der Weg nach Blankenburg frei. Aus Furcht vor weiterem deutschen Abwehrfeuer kamen sie nur sehr langsam vorwärts. Als ab dem 21. April aufgeräumt werden durfte, wollten die Besatzer die Beisetzung von Gefallenen der besonders verhaßten Soldaten der Waffen-SS nur außerhalb des Friedhofes – also wie ansonsten nur bei Mördern üblich – gestatten; allein die Bevölkerung setzte sich darüber hinweg. 48 deutsche Gefallene ruhen seither dort; die amerikanische Armee hat ihre Gefallenen nicht im Harz beerdigt.«

An einer dem Bergwerk benachbarten Bahnstation stand ein Personenzug, wie im tiefsten Frieden. Leise zischte die Dampfheizung der Waggons. Ein Major kam aus dem Zug und protestierte gegen den Lärm der Panzer. In plötzlicher Wutaufwallung ließ Dierks den Spitzenpanzer quer zum letzten Waggon stellen und drohte diesen umzukippen. Es war für die Panzermänner kaum zu glauben, daß es noch solche Etappenhengste mitten im Kampfgebiet gab. Die aus den heruntergekurbelten Zugfenstern herausschauenden Nachrichtenhelferinnen kreischten, der Major wollte die Pistole ziehen, da ertönte von der Dampflok ein schriller Pfiff. Ruhe trat ein. Der Lokführer schimpfte von seiner Lok herunter: »Jetzt schießen schon Deutsche auf Deutsche, schlimmer als 1918!«

Dierks sah Mudra an: »Recht hat der Mann!«, und laut zum Fahrer gewandt: »Weiter.« Beim Gasthof Ziegenkopf kam die Kolonne wieder zum Halten. Eine große Einheit schien hier zu lagern. Ein Leutnant erklärte: »Wir sind von der Division »Potsdam«. Haben um Blankenburg alle Höhen besetzt. Uns gegenüber, im nördlichen Tiefland, steht der Ami. Bei Tageslicht kann man ihre Stellungen gut sehen. Vorläufig greifen sie nicht an. Jedenfalls haben wir noch keine Ansammlung schwerer Waffen bei denen ausmachen können. Wo wollt Ihr denn hin?« »Nach Blankenburg zur Meldung beim Kampfkommandanten.« »Der Standortälteste ist Major Nowakofski-Nüfer, er hat seinen Gefechtsstand erst gestern Nachmittag in die Institutsstraße 3 verlegt. Das ist in der Nähe des Großen Schlosses. Sie fahren diesen Fahrweg, er führt Sie direkt zum Herzogschloß.« In der ersten Morgenröte kamen sie am Schloß an und Hauptmann Dierks machte sich sofort auf die Suche nach dem Kampfkommandanten.

18. April, Eggeröder Brunnen, Altes Braunschweiger Forsthaus

Der OB saß an diesem Tag immer noch in dem alten braunschweigischen Forsthaus am Eggeröder Brunnen fest. Man wartete auf die Rückkehr des Spähtrupps, der die Ausbruchsroute erkunden sollte. Die Lage im Rücken des 11. Armeeoberkommandos wurde immer brenzliger. Elbingerode würde heute noch fallen. Einige amerikanische Einheiten hatten das Städtchen nördlich umgangen und umstellten das Bergwerk Büchenberg, den Gefechtsstand des 66. Korps. Die immer gefährlicher werdende Lage verschlimmerte sich durch die absolute Lufthoheit des Gegners noch zusätzlich. Bewegungen bei Tageslicht wurden von den Jabos sofort entdeckt und beschossen. Überall sah man zerschossene und ausgebrannte Fahrzeuge, die es nicht mehr rechtzeitig in Deckung geschafft hatten. Ein deprimierender Anblick.

Plötzlich Gefechtslärm aus Richtung Rübeland. Aus Hasselfelde kommend, stieß der Ami zum Bodetal vor. Lucht ließ sich eine völlig demoralisierte Hetzer-Besatzung vorführen. Er wollte einen Frontbericht. »Am Stadtrand von Elbingerode oberhalb der Gaststätte Hannover oder so ähnlich nahm uns ein Tiefflieger auf's Korn!« Unteroffizier Beutner schrie: »Raus, raus«, und kaum waren wir 20 Meter weg, flog auch schon der Hetzer in die Luft. Sind stadteinwärts geflüchtet. Bei einer Bäckerei sahen wir mehrere Landser, die sich ergaben. Die hatten die Hände oben und wurden von zwei Amis abgeknallt! Einfach so! Wir drehten um, rannten um unser Leben die Straße wieder hoch. Suchten unsere Linie. An der Straßensperre Richtung Elbingerode waren noch zwei Volkssturmleute. Die wollten gerade türmen. Von denen haben wir den Hinweis auf die Sammelstelle Eggeröder Brunnen.«

Nachdenklich blickte Lucht auf seine Stabsoffiziere. »Es kam soeben eine Nachricht aus dem OKW. Danach bin ich ab 20. April zum Befehlshaber des 13. Wehrbezirkskommandos beziehungsweise des 13. Armeekorps ernannt worden. Ein Nachfolger für die Führung der 11. wurde nicht genannt. Das könnte bedeuten, daß man diese Armee im Harz sich selbst überläßt. Nichts Genaues weiß man nicht! Ich werde von einem Fieseler Storch abgeholt und ausgeflogen. Der Förster hier empfiehlt zur Landung die Wiese nördlich von uns. Ansonsten gäbe es noch eine Start- und Landemöglichkeit in Blankenburg, unterhalb der Sandsteinburg Regenstein. Weiter: Die Anwesenheit mehrerer hunderter, vielleicht auch tausender Wehrmachtsangehöriger läßt die Angreifer hier bestimmt einen größeren Widerstand vermuten. Mit Angriffen ist in Kürze zu rechnen. Daher werde ich nach Blankenburg verlegen.«

Mittlerweile war es 17 Uhr und es dunkelte schon. »Major Weiß vom Quartieramt soll in Blankenburg Quartier machen und die Lage sondieren.« Zu Oberst Estor: »Wir brauchen eine Zwischenübernachtung, so lange bis Blankenburg geklärt ist. Aber nicht hier auf dem Präsentierteller.« »Ich habe mit dem Förster gesprochen, zwei Kilometer entfernt im Wald ist eine Höhle, die wäre sicher und trocken. Volkmarskeller heißt das Loch.« »Mein Jott«, und Lucht verfiel in den Berliner Dialekt seiner Geburtsstadt, »jetzt wird's auch noch gruselig! Lassen Sie das Nachtlager meinetwegen dort herrichten, aber jagen Sie vorher die Harzer Berggeister da raus, ha!« Um 19 Uhr war die provisorische Unterkunft bezugsfertig.

Nacht vom 18. auf den 19. April, Höhlenanlage Volkmarskeller

Förster Schünemann vom braunschweigischen Forsthaus am Eggeröder Brunnen ließ es sich nicht nehmen, seinen hohen Gast zur Höhle zu begleiten. Man stehe an geschichtsträchtigem Ort, erklärte er, vor fast tausend Jahren lebten in dieser Höhle immer mal wieder Einsiedler, später gründete sich ein Zisterzienserkloster am Ort. Die Bewohner des Klosters liebten zwar die Einsamkeit, aber irgendwann wurde es selbst ihnen zu abgeschieden. Da bauten sie am Talausgang des Klostergrundes ein neues Kloster und zogen um, mit Sack und Pack; Richtung Blankenburg. Das neue Kloster wurde im Bauernkrieg gestürmt und zerstört. Er, der Förster, habe das Gefühl, daß sich diese Geschichte nun wiederholen könnte. Seit dem Dreißigjährigen Krieg hat der Harz nicht wieder solche Truppenansammlung gesehen. Die Fama will wissen, daß vor Blankenburg 1627 ein großes Heerlager der wallensteinschen Armee aufgeschlagen war. Damals griff die Harzer Bevölkerung zur Selbsthilfe und bildete eine Partisanentruppe, um sich der ständigen Übergriffe der kämpfenden Parteien zu erwehren. Sogar eine eigene Verteidigungsanlage legten die Harzschützen, wie sie bald genannt wurden, an. Der »Landgraben« genannte Wall verlaufe übrigens in unmittelbarer Nähe. Nein, für die heutigen Erfordernisse der Kriegsführung sei er nicht nutzbar.

»Wenn es nach den Gauleitern ginge, müßten wir aus der einheimischen Bevölkerung schon bald wieder Harzschützen machen«, warf Lucht ein. Seit er den Oberbefehl innehatte, wurden von seinem Armeeoberkommando alle Versuche zur Bildung von Wehrwolfeinheiten oder ähnlichem vereitelt, obwohl solche Wünsche mitunter auch sehr nachdrücklich an ihn gestellt wurden.

Mittlerweile war es spät geworden. Die Temperatur sank auf drei Grad ab. Leider konnte kein wärmendes Feuer angelegt werden, schließlich wollte man in der Höhle noch schlafen. Also saß man, dick in Wehrmachtsdecken gehüllt, am Höhlenausgang. Förster Schünemann erhob sich. »Gestatten Sie, daß ich mich zurückziehe. Morgen muß ich früh hoch. Krieg hin oder her, meine Kühe müssen gemolken werden. Aber zum Schluß sei noch erzählt, wie sich die Harzschützen untereinander in der Fremde erkannten: Sie klopften im Wirtshaus mit dem Mittelfinger auf die Tischplatte, wenn sich ein Fremder zu ihnen setzte. Sie werden's nicht glauben, das hat sich bis heute bei den Harzern gehalten. Wer nicht mitklopft, gehört nicht dazu.«

Mudra hatte sich nach der Ankunft auf dem Schloß von den Panzerleuten getrennt. Nachdem er seine Transportkiste der Schloßwache übergeben hatte, suchte er ebenfalls den Kampfkommandanten zu erreichen. Der Schloßinnenhof war überfüllt mit Flüchtlingen. Orientalisches Nachtlager, dachte er belustigt und sah, daß in die Kellerräume unter der Schloßkirche eine größere Anzahl Holzkisten getragen wurden. Mühselig fragte er sich zu den Verantwortlichen durch und wurde schließlich an einen älteren Mann verwiesen.

Der dirigierte die Einlagerung der Kisten. »Gestatten, Oberfeldwebel Mudra vom Armeeoberkommando. Wo finde ich den Kampfkommandanten von Blankenburg?« »Hier eindeutig nicht«, sagt dieser. Er stellte sich sogleich als Dr. Seeleke vor, der zur Begleitung aus Braunschweig ausgelagerter Kunstgüter hier weilte. Er informierte: »Der Herzog hat soeben dem Quartiermeister Major Weiß klargemacht, daß ein Gefechtsstand in diesem Schloß das Feuer der Amis hierherziehen würde. Das Schloß dient als Lazarett und ist als solches auch kenntlich gemacht worden. Der Landrat empfahl, das Kloster Michaelstein als Gefechtsstand zu nutzen, allein schon deshalb, weil dort bereits ein höherer Stab unter dem Befehl eines Generals Mattenklott oder so ähnlich liegt Ich glaube, er möchte solch militärisches Zentrum nicht in seiner Stadt haben. Der Angriff kommt, das ist völlig sicher und er ist auch überfällig. Wir können seit Tagen die amerikanischen Verbände bei Halberstadt sehen, warum sollten die Blankenburg verschonen? Hier kracht's bald gewaltig, suchen Sie sich schon mal eine gute Deckung!« »Und wo finde ich jetzt den Kommandanten?« »Vielleicht in der Roten Kaserne am Schnappelberg.«

Nach kurzem Fußmarsch gelangte er zur beschriebenen Kaserne und geriet gleich im Eingang an einen Oberstleutnant der Marine. »Korvettenkapitän heißt das bei uns«, korrigierte dieser wohlwollend Mudras falsche Anrede. Dank des Sonderausweises, den Mudras vorzeigte, gab sich der Mann gesprächig. Auf dem Flur der Kaserne stapelten sich Kisten, darauf geöffnete Fleischbüchsen.

»Bedienen Sie sich! Da staunen Sie aber, daß die Marine auch im Harz ist! Gehöre zum Marinekommando West. Vorher Flotillenversorgungsoffizier der 3. U-Boot-Flotille in La Rochelle. Das Marinekommando West mußte immer weiter nach Osten zurückweichen. Zuletzt in Nordhausen. Wir sind von dort wegen Feinddrucks in den Harz geflohen. Das war kein geordnetes Ausweichen mehr! An einer Tierzuchtfarm am Rappenberg wurde unser Haufen durch gezieltes Granatfeuer zersprengt. Fahrzeuge hatten wir nun überhaupt nicht mehr. Ich habe mich nach Hasselfelde durchgeschlagen und wurde dort vereinnahmt. Infanteristische Glanzleistungen wurden mir wohl nicht zugetraut, darum gleich hierher weitergeleitet. Jetzt organisiere ich hier die Einlagerung und Bewachung der Akten des Wehrmachtführungsstabes, die gestern von Berlin zu uns ausgelagert wurden. Der Kampfkommandant? Hier war er nur zu einer kurzen Inspektion. Die Artilleriestellung am Hirschtor interessierte ihn mehr als unsere Akten. Nachdem bekannt wurde, daß das Armeeoberkommando nach Blankenburg verlegt, war er zusammen mit einem Quartiermeister von Euch auf die Suche nach einem Standort für den neuen Armeegefechtsstand gegangen. Die Kasernen der Stadt wollte er nicht. Zu eindeutige Angriffsziele. Es war die Rede von einem Kloster. Nichts Genaues weiß man nicht. Fragen Sie doch auf dem Rathaus. Dort sitzt der örtliche Verteidigungskommissar des Volkssturms.«

Der Marinemann war froh, ein Opfer für seinen Redefluß gefunden zu haben. »Der Mann heißt Kämpfert und ist der liebe Gott des Ortes. Landrat. Dazu noch Kreisleiter der Partei – Herz, was willst du mehr? Gehen Sie zu dem, wenn er es nicht weiß, weiß es keiner! Übrigens, den Bürgermeister können Sie gleich vergessen. Herr Philipp ist seit Tagen unauffindbar. Scheint sich abgesetzt zu haben. Auch so eine Sauerei, zu türmen, wenn die Stadt ihn am dringendsten braucht. Aber bei den Zuständen hier wundert mich überhaupt nichts mehr.«

»Verbindlichsten Dank, Herr Korvettenkapitän, ich könnte Ihre Hilfe gebrauchen. Habe Kuriergepäck dabei, alles Gekados. Das kann ich nicht zu Fuß bewältigen. Also bitte ich gehorsamst um die Bereitstellung eines fahrbaren Untersatzes.« »Können Sie Motorrad fahren? Da drüben steht eine BMW, ich lasse Ihnen die Papiere ausschreiben. Marschbefehl brauchen Sie ja wohl nicht?« »Danke, nein.«

Also mal wieder ein Motorrad. Die Maschine war erfreulicherweise vollgetankt. Die Fahrt zum Schloß ging flott den Berg hinauf und die Verladung der Kiste in den Seitenwagen war kein Problem. Er sah die Kiste an und dachte: Wie geht's mit uns beiden weiter, mein Schätzchen? Der Harz ist umstellt, der Krieg ist verloren. Auf SS-Angehörige sind die Alliierten nicht gut zu sprechen. Da ist mit langer Kriegsgefangenschaft zu rechnen. Vielleicht gibt's auch eine Sonderbehandlung? Und was wird mit den Diamanten? Derzeit sind extrem viele Troßfahrzeuge unterwegs, da falle ich nicht auf, aber was wird später? Ohne Sondervollmachten? Wie könnte ich dem Reichsführer den Verlust des Vermögens erklären? Es bleibt nur die Variante des Ausbruchs aus dem Harzkessel. Also schön bei Lucht bleiben …

Dann fuhr er los, das Kloster Michaelstein zu suchen. Es war der 19. April.

V

19. April, Kloster Michaelstein

Im Gutshaus des Klosters Michaelstein wurde der Ausbruch beraten. General Lucht, Oberst Estor, Oberstleutnant Roschmann vom Armeeoberkommando 11 waren anwesend. Ebenfalls der Kampfkommandant von Blankenburg, Major Laufenberger sowie der Standortälteste Major Nowakowski und Landrat Kämpfert. Estor übernahm den Lagevortrag:

»Wir befinden uns in einer Igelstellung mit Blankenburg als Zentrum. Der Ausbruch ist endgültig für den 20. April angesetzt; um 18 Uhr. Wir vermuten, daß das feindfreie Gebiet hinter Thale endet. Die feindlichen Sicherungslinien bei Neinstedt-Ballenstedt sind zum Glück noch ziemlich dünn. Ein schneller Durchstoß könnte glücken. Wir müssen schnellstens Raum gewinnen, südlich an Aschersleben vorbei in Richtung Bernburg. Das Ziel des Gegners ist es, die Harzfestung zunächst einzukreisen, um sie dann belagern zu können. Hinter dem Einkreisungsring dürfte freies Gelände sein. Es wird dann eine Frage des Tempos. Wir haben ausschließlich gepanzerte Fahrzeuge im Raum Cattenstedt-Timmenrode zusammenziehen lassen. Die drei Königstiger bilden die Spitze. Im ganzen 22 Fahrzeuge. Umsteigepanzer sind vorgesehen. Sorgen macht uns die Nachrichtenlage. Am 15. April mußten wir den Sendebetrieb auf dem Brocken einstellen, also haben wir keine weitreichende Funkverbindung mehr. Die Armee ist im wahrsten Sinne abgeschnitten. Nur noch mit Telefonie war bis gestern eine Verbindung nach Berlin möglich. Sie, Major Laufenberger und Herr Landrat müssen Blankenburg halten, so lange es geht, mindestens aber noch 24 Stunden, um unsere rückwärtige Flanke zu decken und den Ausbruch so lange wie möglich vor den Amerikanern geheimzuhalten. Können Sie das garantieren?«

Laufenberger antwortete: »Der Igel besteht nicht aus festen Frontlinien, sondern im Wesentlichen aus einem Dreieck mit drei Bastionen an den Ecken. Da ist der Ihrem Gefechtsstand benachbarte Pfeifenkrug, ein kleiner Höhenzug an der R 81. Dort liegt das SS-Regiment Holzer mit Teilen der Division Potsdam.«

Er habe in diesem Bereich schon vor einer Woche Schützenlöcher und -gräben schachten lassen, erwähnte Kämpfert. Das haben Schüler aus den Schulen der umliegenden Dörfer gemacht.

»Gut. Auf dem Höhenzug des Regensteins liegen schwache Sicherungskräfte bis zur Westerhäuser Ebene. Dort sichert die Kampfgruppe Könnemann den Galgenberg. Demgegenüber ist auf dem Felsmassiv der Teufelsmauer eine ständige Besatzung, die unsere Truppen im Versammlungsraum Timmenrode-Thale bei Feinddurchbruch sofort alarmieren muß. Von dort gesehen weiter in Richtung Harz liegt die Masse der Division Potsdam, die Kampfgruppe Worgitzky und die Reste der Panzerabteilung Lambert. Oberst Grassau von den »Potsdamern« hat seinen Divisionsgefechtsstand in Wienrode, am Waldrand Richtung Hüttenrode. Am westlichen Ortsrand von Hüttenrode liegt dann das Regiment Potsdam 2, Regimentsgefechtsstand in der dortigen Schule. Außerdem befinden sich in dem Dorf beziehungsweise seinem Vorfeld die vom Feind bis dorthin zurückgedrückten Einheiten der 26. VGD, Kampfgruppe van Geldern der Waffen-SS, verschiedene Infanterie- und Artillerieeinheiten und Trosse. Die nördliche Flanke des Igels bilden die großen Wälder von Hüttenrode bis Heimburg. In diesen Wäldern haben mehrere Einheiten untergezogen, hauptsächlich zur Deckung vor ständigem Jabo-Angriff. Der Befehlsbereich Thale bis Hüttenrode untersteht dem »Löwen von Sewastopol«, General Fretter-Pico; dessen Gefechtsstand ist das Forsthaus Totenrode.«

Lucht beendete die Lage, indem er feststellte: »Da die Vorbereitungen noch nicht abgeschlossen sind, wird erst morgen unser Ausbruch stattfinden. Aktion kann nur bei Dunkelheit Erfolg haben. Also Beginn um 18 Uhr.«

Eine Tag später, am 20. April, waren die meisten deutschen Soldaten der 11. Armee bereits in amerikanischer Gefangenschaft. In der Igelstellung Blankenburg gab es nur noch ca. 15.000 bis 20.000 Soldaten, davon allerdings sehr viele Troß- oder Versorgungseinheiten ohne Kampfwert. Es war erstaunlich, daß in der aussichtslosen Lage der letzten Tage die Disziplin der Truppen nicht verloren ging. Es gab noch mehrere Gefechte mit vielen Toten. Die Munitions- und Kraftstoffbestände gingen dem Ende zu. Panzer-

und Artillerieeinheiten sprengten, meist mit der letzten Granate, ihre Kampftechnik. Noch bei der Verteidigung des Dorfes Elend wenige Tage zuvor wurde ein Zugführer standrechtlich erschossen, weil er eigenmächtig und nach Meinung des Standgerichts zu früh den Befehl zur Selbstzerstörung von vier Geschützen gab. Jetzt interessierte das niemanden mehr. Die letzten 8.8 cm-Geschütze kamen beim nächtlichen Gefecht um Hüttenrode zum Einsatz und fügten mit direkten Schüssen den anrückenden amerikanischen Verbänden noch einige Panzerverluste zu. Die Amis mochten keine Nachtgefechte. Wohl deswegen kam es, so berichteten gefangene GI's, zu einer verheerenden Wirkung des gefürchteten »friendly fires« auf der Reichsstraße 27 oberhalb eines kleinen Kalkwerkes, als deren Artillerie versehentlich in die eigenen Truppen schoß. Die Straße, auf der das Blut gefallener Soldaten und zerschossener Troßpferde auf ganzer Breite hinablief, auf der zerbombte, zerschossene und ausgebrannte Kraftfahrzeuge kilometerweit hintereinanderstanden; konnte erst nach Wochen wieder passierbar gemacht werden. Allein am Sonnenberg wurden 60 Wehrmachtspferde nach dem Krieg eingefangen und zum Nutzen der Gemeindekasse an Bauern verkauft.

Die immer noch hinhaltend kämpfenden Truppen hatten ab dem 20. April im Wesentlichen nur noch Panzerbüchsen und Handfeuerwaffen zur Verfügung. Großkalibrige Geschütze wurden nicht mehr eingesetzt, weil entweder deren Munition verschossen war oder die Bedienung dieselben unbrauchbar gemacht hatte. Und wohin hätten diese weitreichenden Geschütze in dem kleinen, noch verbliebenen Restkessel auch schießen können?

Die angekündigte Wende am 20. April fand natürlich nicht statt. Ernsthaft hatten die wenigsten daran geglaubt. Der Kreisleiter der NSDAP hatte deswegen schon am 15. April zur »Abschreckung feiger Elemente« einen weißgestrichenen Galgen demonstrativ durch die Straßen Blankenburgs tragen und auf dem Marktplatz aufrichten lassen. Auch die 11. Armee setzte auf Abschreckung und ließ mehrere Standgerichtsurteile vollstrecken beziehungsweise duldete das Treiben der fliegenden Standgerichte der SS.

Die Truppe war abgekämpft, müde und sehnte sich nach dem Ende der Kampfhandlungen. Zu offenem Aufruhr oder Meuterei kam es aber nicht. Auch sinnlose Zerstörungen ereigneten sich nur begrenzt. Sprengungen der Verkehrswege, zumeist Brücken, waren militärisch motiviert. Nach dem Krieg erinnerte sich ein Panzerkommandant:

»Wir kamen nach der Aufgabe von Elbingerode über Rübeland nach Neuwerk. Dort kreuzte die Reichsstraße 27 mit der Straße nach Wendefurt. Die Bodetalsperren gab es damals noch nicht. Auf dem großen Platz neben der Bodebrücke stand die Unmenge an Troßfahrzeugen. Mehrere Tankzüge waren wegen der Fliegergefahr im Eisenbahntunnel der Anschlußbahn abgestellt. Am Parkplatz bei der Brücke wurden auch viele hundert Fässer mit Öl und Kraftstoff gelagert. Tarnung? Fehlanzeige. Es hatte wohl niemand mehr die rechte Übersicht. Diese Fässer wurden umgehend zur leichten Beute der Jabos. Über den Krocksteinfelsen anfliegend, stürzten sie sich regelrecht auf die ungeschützten Troßfahrzeuge und feuerten aus allen Rohren. Eine ungeheure Flamme lohte auf, ein grausig-schöner Anblick. Die armen Bewohner, es muß für sie schrecklich gewesen sein! Unsere Panzerbesatzung war eine der letzten mit einem intakten Tiger. Wir sollten die Straßenkreuzung und die Brücke decken. Deswegen hatten wir Stellung bezogen zwischen zwei Wohnhäusern im Kreuztal, Schußrichtung Brücke. Abends ergab es sich dann, daß Einwohner und Landser zusammen im Tunneleingang gesessen und gesoffen hatten. Morgen kommt der Ami – also weg mit dem Zeug!

Das haben anscheinend zwei Jungen aus dem Ort ausgenutzt, sind an unseren Panzer geschlichen und haben den Schlagbolzen geklaut. Als wir das am nächsten Morgen bemerkten, war es zu spät. Jetzt wurde uns die gestrige Einladung klar. Die hatten Schiß um ihre Häuser! Waren allesamt aus Holz gebaut, das hätte bei einem Kampf um die Brücke schön gebrannt. Tja, Ersatzteile gab's nicht. Wir mußten dann leider mit einer Panzerfaust unseren eigenen Panzer vernichten. Dabei ging auch die Flakmunition im Turm mit hoch! Die war auf Gurt. Alle Sekunde eine Explosion! 92 Schuß! Ich habe sowas vorher noch nie gesehen und gehört. Zum

Schluß haben wir sogar mitgezählt. Der Lärm hatte auch Offiziere angelockt. Ein Oberst Burian, ich glaub', der war vom Grenadierregiment 980, befahl uns die Brücke zu sprengen. Er hatte Informationen, daß die Straßenbrücke in Wendefurt, Richtung Blankenburg gesprengt war. Deswegen meinte er wohl, würde der Gegner nun über diesen Weg nach Blankenburg wollen. Die Zerstörung dieser schönen Brücke war aber dann doch sinnlos, denn die Amis kamen, für uns überraschend, aus Rübeland.

Das Wrack unseres Tigers soll übrigens noch Jahre später dort gestanden haben.«

20. April, Reichsstraße 6, zwischen Westerhausen und Blankenburg

Auch die Amerikaner waren des Kampfes um den Harz überdrüssig. Kommandeure äußerten sich, daß sie hier bedeutend mehr Gefallene als in der Schlacht um den Hürtgenwald zu verzeichnen hätten. Ihre Angriffsspitzen standen schon an der Elbe. Es wurde Zeit, dem letzten deutschen Widerstand in der Festung Harz ein Ende zu setzen. Das war der Druck, der auf dem Oberst der US-Army, Burba, lastete, als er sich am 20. April 1945 zum Angriff auf Blankenburg entschloß. Vorher hatte er versucht, der eingeschlossenen Stadt eine Kapitulation anzubieten. Landrat Kämpfert als örtlicher Verteidigungskommissar lehnte großspurig ab; wollte einen militärischen Bluff ausschließen und forderte daher einen Beweis der Stärke der Angreifer. Als die US-Army sich daraufhin für jedermann sichtbar mit einer beeindruckenden Zahl an Panzern und Haubitzen auf Feldern der Derenburger und Westerhäuser Flur halbkreisförmig um Blankenburg aufstellte, reagierte dort kein einziger ziviler oder militärischer Verantwortungsträger.

Dann jedoch, am 20. April um 10.00 Uhr fegte eine Staffel amerikanischer Jagdbomber P-5 »Mustang« mehrmals über den Ort hinweg und warf Bomben in die Innenstadt. Gleichzeitig schoß die gegnerische Artillerie aus Richtung Heimburg und Westerhausen. Dieses 45-minütige Bombardement, verbunden mit einem zeitgleichen Artillerieschlag, machte es der städtischen Feuerwehr unmöglich, die um sich greifenden Brände in der Altstadt zu bekämpfen.

Der zuvor von Colonel Burba entsandte Bürgermeister von Westerhausen, der die zweite Kapitulationsaufforderung überbringen mußte, war nicht rechtzeitig zu den Amerikanern zurückgekehrt! Er war durch die menschenleere Stadt Blankenburg gehetzt und konnte nirgends einen Verantwortlichen finden. Es roch auch nicht nach Kapitulation, sonst wären sicher weiße Tücher aus den Fenstern gehängt worden. Vom Reichsführer SS kannte man ja den unmißverständlichen Befehl: In einem Haus, an dem eine weiße Fahne erscheint, sind alle männlichen Einwohner zu erschießen! Es schien ihm, als ob Blankenburg ähnlich wie 800 Jahre zuvor wieder mal die »Alleintreue«-Stadt war. So war sie bezeichnet worden, damals, vom Staufenkaiser Barbarossa, der sie wegen ihrer Treue zum Welfen Heinrich dem Löwen schwer züchtigen ließ. Diesmal war ihre Treue eher zweifelhaft, vielleicht fühlte sich keiner zuständig, und niemand hatte wohl auch den Schneid wie in anderen Städten des Harznordrandes, den Amerikanern mit einer weißen Fahne entgegen zu gehen. Und so fand der Westerhäuser weder in der Roten Kaserne noch im Gefechtsstand des Kampfkommandanten Major Laufenbergers entscheidungsbefugte Offiziere. Wenigstens erfuhr er, wo alle wichtigen Leute zu finden wären – beim Armeeoberkommando im Kloster Michaelstein. Dort endlich angekommen, wurde er als vermeintlicher Spion festgenommen und in den Keller des Gutshauses gesperrt. Wertvolle Zeit verging.

Colonel Burba, der keine Antwort auf seine Kapitulationsaufforderung bekam, wurde ob der Zeitüberschreitung wütend. Nachdem ihn seine vorgesetzte 8. US-Panzerdivision über Funk unmißverständlich auf den Zeitplan hinwies, forderte er eine weitere Jagdbomberstaffel an, um Blankenburg durch Bombardierung schneller zur Kapitulation zu bewegen. Als es vom Turm der altehrwürdigen Bartholomäus-Kirche 17 Uhr schlug, überflogen nochmals drei Jagdbomber »Mustang« mehrmals die Stadt, drehten über dem Ziegenkopf und feuerten mit ihren Bordwaffen in die Stadt. Zur selben Zeit setzte sich die Panzerkolonne des 36. US-Panzer-Bataillons mit aufgesessener Begleitinfanterie von Westerhausen nach Blankenburg in Marsch. Um 18.30 Uhr war die Stadt kampflos eingenommen, es gab dabei auf beiden Seiten keine Gefallenen. Vereinzelt wurden jetzt weiße Bettlaken aus Häuserfenstern gehängt; in der Harzstraße sogar eine rote Fahne mit Hammer und Sichel.

Damit endete die Schlacht im und um den Harz. Nur ein kleines Gebiet um den in amerikanischen Armeekarten nicht verzeichneten Stadtteil Oesig, einige angrenzende Harztäler, auch das Kloster Michaelstein waren noch nicht besetzt.

Die Ereignisse dieses Tages führten beim Generalstab im Kloster zu Ernüchterung und Apathie. Der Ausbruch, der nie stattfand, wurde nicht einmal mehr erwähnt. Auch der angekündigte Fieseler Storch kam nie an. Jetzt galt es, sich würdevoll zu ergeben. Viele Einheitskommandeure der um das Kloster Michaelstein versammelten Truppen entließen ihre Soldaten aus der Wehrmacht. Mit Entlassungspapieren ausgestattet, hoffte man der Kriegsgefangenschaft zu entgehen. Ein Trugschluß, wie sich bald zeigen würde. Der OB stellte seine Offiziere von jeglichen militärischen Verpflichtungen frei. Es gab noch einige Beförderungen und Auszeichnungen.

21. April, Forstort Bast, 3 km vom Kloster Michaelstein entfernt

Als sich im Harzgebiet die militärische Lage beruhigt hatte, waren immer noch keine Amerikaner im Kloster Michaelstein. Lucht vermutete, daß es zur selben Taktik wie bei der Einnahme Blankenburgs kommen würde und befürchtete einen Luftangriff. Dies voraussehend, zog er mit fünf Tross LKW und drei Kübelwagen zum Gasthaus Waldfrieden. Dort begann der Harzaufstieg über den Bastweg. Am Entenpfuhl, einem kleinen Teich, konnte man das Harzvorland und die Stadt Blankenburg gut überblicken. Hier lagerte schon eine kleine SS-Einheit. Sie übernahm den Wachdienst für Luchts letzten Gefechtsstand. Der 22. April verging.

Die Funkstelle des Armeeoberkommandos, die in den letzten Tagen die einzige Führungsmöglichkeit für das Kommando war, meldete sich zum letzten Mal. »Wir schalten ab. Viel Glück!«

Mittlerweile war das Kloster Michaelstein besetzt. Ein entkommener Obergefreiter berichtete, daß die Generäle Daniels, Maus und Kokott soeben gefangen genommen worden waren. »Die haben aber noch mehr Generäle.«

Oberst Estor ließ sich Einzelheiten berichten. Es sah so aus, als ob die Generäle Flörke, Fretter-Pico, Mattenklott ebenfalls im Kloster gefangen waren. Lucht und Estor wurden sich einig, am 23. April endgültig zu kapitulieren. Sie saßen an einem kleinen Lagerfeuer, das gut getarnt unter einer gewaltigen Rotbuche flackerte. Die Ordonanz briet Dosenfleisch. Estor meinte: »Als Sie auf Schloß Adelebsen das Kommando übernahmen, lag unsere Stärke bei ca. 60.000 Mann. Die gemeldeten Gesamtverluste lagen gestern bei 10.000 Mann. Die Amis haben also 50.000 deutsche Landser allein im Harz gefangen gesetzt. Ein viel zu hoher Preis für das sogenannte Kräftebinden.«

»Solange die Chance auf Entsatz durch die 12. Armee bestand, war noch eine Hoffnung in mir. Wenn allerdings Wenk je den Harz erreicht hätte, wäre es zu spät gewesen; das sehe ich heute so. Wir haben hinhaltend gekämpft. Wir haben soweit wie möglich die Zivilisten geschont. Hoffentlich haben wir durch die Bindung großer amerikanischer Kräfte andere Kriegsschauplätze entlastet. Mehr konnten wir nicht tun.«

Am 23. April gegen 8.30 Uhr wurde das kleine Lager überfallartig umstellt. Der General der Artillerie Walter Lucht und seine Begleitung ergaben sich. Damit endete der Zug der 11. Armee.

Unterdessen traf Mudra in Michaelstein überraschend Generalmajor Kokott wieder. Er war in Begleitung des Oberst Worgitzky. »Schön, daß Sie noch da sind, es hat Sie demzufolge nicht erwischt. Wie geht es Ihrem ›Gepäck‹?« »Herr General, jetzt wo der Ausbruch nicht mehr stattfindet, kann ich es entweder vernichten oder verstecken.« »Vernichten kommt überhaupt nicht in Frage,

Mudra. Haben Sie verstanden? Ihr Auftrag besteht weiter fort. Der Reichsführer findet Mittel und Wege, Sie zur Verantwortung zu ziehen. Und mich natürlich auch. Aber ich habe meinen Teil der Aufgabe erfüllt. Handeln Sie sofort, bevor es morgen vielleicht nicht mehr möglich ist.« Oberst Worgitzky mischte sich ein: «Wenn Sie ein gutes Versteck suchen, dann ist doch das Harzgebiet hier ideal. Aber nehmen Sie keine Häuser, die werden jetzt bestimmt alle durchsucht. Notfalls vergraben Sie Ihr Zeug an markanter Stelle. Sie müssen unter Umständen lange warten, bis die Alliierten aus Deutschland abziehen. Und Sie müssen Ihr Versteck dann auch wiederfinden. Am besten mal bei einem Bewohner hier vorfühlen.«

Kokott mahnte: »Sie kennen Ihren Auftrag von höchster Stelle. Es ist wichtig, dass Sie sich zur Verfügung halten. In diesem allgemeinen Zusammenbruch wird das schon sehr schwer. Kehren Sie nicht nach Berlin zurück! Bleiben Sie am besten unauffällig hier. Unter keinen Umständen dürfen Sie in Kriegsgefangenschaft! Notfalls legen Sie sich in ein Lazarett. Versuchen Sie nicht Kontakt zu SS-Kameraden aufzunehmen, das gefährdet Ihre Geheimhaltung. Sie brauchen uns nicht zu suchen; wir werden Sie finden – und deshalb bleiben Sie hier im Harz und haben ein Auge auf den Ihnen anvertrauten Gegenstand!«

Mudra besorgte sich von einem Troßwagen Marketenderware. Reichlich versehen mit Schnaps, Büchsenfleisch und Rauchware sprach er eine Einwohnerin an, die er zufällig bei einem Gebäude mit Glockenturm auf einer Holzbank sitzen sah und setzte sich zu ihr. Eine Stunde später wußte er genug. Er begab sich zu den in Richtung des Dorfes Heimburg gelegenen Sandsteinfelsen.

Vorsichtig kletterte er hinauf und suchte mit dem Feldstecher die Umgebung ab. Die Amis, die überwiegend tagsüber Krieg führten, bereiteten sich auf ihre nächtliche Kampfpause vor. Er sah die Truppen auf offenem Feld biwakieren. Angriffe aus der Luft hatten die ja nicht zu befürchten! Die Panzerbesatzungen waren abgesessen. Eine Feldküche räucherte vor sich hin. Es sah aus wie in Friedenszeiten. Verdammt, das konnte schwierig werden. Er murmelte mehr zu sich selbst: Es gibt aber eine Chance. Die Sicherungslinien sind dünn. Man könnte zwischen zwei Posten nachts ungesehen durchsickern.

Zurück im Kloster kontrollierte er seine Ausrüstung und besorgte sich einen Klappspaten. Als Bewaffnung wählte er nur die Pistole. Immerhin galt es die Kiste zu schleppen, die hatte gut 15 Kilogramm!

Um 23 Uhr stand er wieder am Felsmassiv. Die Beiwagenmaschine ließ er stehen und machte sich, die Kiste auf der Schulter tragend, auf den gefahrvollen und beschwerlichen Weg. Tiefhängende Wolken gaben nur selten das Mondlicht frei. Er vermied jeden gebahnten Weg und lief querfeldein über Acker und Wiesen, etwa in Richtung des Städchens Derenburg. Das wichtigste Hilfsmittel war der Kompaß, dessen Gradeinteilung leicht leuchtete. Endlich erreichte er einen einzelnen, auf dem Feld stehenden hochaufgerichteten Findling. Er sicherte gewohnheitsmäßig nach allen Seiten, bevor er hinter dem Findling zu schachten begann. Nach einer halben Stunde war das Loch fertig. Er senkte die Aluminiumkiste hinein. Vorher hatte er sie sorgfältig in Ölpapier eingewickelt. Er dachte, daß er nun diesen Auftrag gut zu Ende geführt hatte. Flüchtig blitzte der Gedanke auf, dieses Vermögen selbst zu besitzen. Genauso schnell schob er ihn beiseite; die SS würde ihn sicher ausfindig machen. Der Wahlspruch der SS tauchte für einen kurzen Moment in seinem Kopf auf – jetzt mußte er also Treue beweisen. Entschlossen füllte er die Grube zu und glich das Erdreich der Ackeroberfläche an. Auf dem Rückmarsch kreisten die Gedanken um die eigene Zukunft. Kokott war gestern deutlich genug: »Sie sind dem Reichsführer persönlich verantwortlich!« Sicher hatte der Generalmajor Kanäle, um seinen Schwager oder die Schwester über alles zu informieren. Allein die genaue Lage des Verstecks – die kannte nur er.

Nach kurzem Schlaf pirschte er sich am 23. April morgens an den Fischteichen vorbei in Richtung Blankenburg. Er hoffte einen Arzt zu finden, der ihn in eines der vielen Lazarette aufnehmen würde.

Die Amerikaner waren in der Stadt. Mehrmals wäre er beinahe aufgeflogen. Überall trieben GI's deutsche Soldaten zusammen. In einem kleinen Park traf er eine Rot-Kreuz-Schwester. Er setzte alles Glück auf eine Karte und erzählte ihr von seinem Vorhaben. »Wo denken Sie hin?«, erklärte die Schwester. »Der Herzog hat auf dem Schloß alle Lazarette der Stadt offiziell übergeben. Auch in unserem Lazarett sind jetzt Amis, wir Deutsche sind nur geduldet unter ihrer Aufsicht.« Er hielt sie an der Schulter fest: »Schwester, schleusen Sie mich hier ein, meinetwegen mit Kopfverband oder Krücken. Ich muß zu einem Arzt!« Endlich erklärte sie sich bereit. Hinter einer alten Kastanie bekam er einen Kopfverband, der allerdings verräterisch weiß leuchtete, dann gingen beide los. Er ließ sich von ihr sogar stützen. Das Lazarett, zu dem er geführt wurde, lag am Rande eines schönen alten Parks. Zufällig fuhr zur selben Zeit ein Geländewagen vor, der vermutlich neue Verletzte brachte. Die Ablenkung an der Pforte ausnutzend, kamen beide bis zum Wirtschaftseingang. Durch den Keller wurde er in einen Hauswirtschaftsraum geführt. Er mußte warten, derweil die Schwester versuchen wollte, den Arzt, Dr. Schnurbein, zu holen. Der wäre der Einzige, mit dem man so ein heikles Thema besprechen könne. Die Wartezeit dehnte sich unendlich. Als der Arzt kam, gab sich Mudra zu erkennen, zeigte seinen Ausweis und trug sein Anliegen vor. Hastig nahm der Arzt den Ausweis an sich, zerriß ihn und stopfte ihn in das Feuerloch des Kochherdes. »Sie sind wahnsinnig! Die Amis sehen sich jeden Verletzten genau an. Die Gehfähigen werden aussortiert, die kommen in Gefangenschaft. Die bettlägerigen Patienten kommen nach ihrer Ausheilung auch in Gefangenschaft. Nur als Krüppel haben Sie vielleicht eine Chance. Außerdem suchen sie besonders nach SS-Männern. Die tätowierte Blutgruppe wird euch zum Verhängnis.« Eine Stimme rief im Flur: »Dr. Schnurbein in den OP!« »Also Sie hören ja. Leben Sie wohl.«

Allein gelassen, überlegte er fieberhaft. Der Doktor hatte gesagt: »Krüppel haben vielleicht eine Chance auf Entlassung.« War es das wert? Er kämpfte mit einem Entschluß. Er mußte hier im Harz bleiben; der Diamantschatz entwickelte sich zu seinem Schicksal. Den Schlüssel für die Aluminiumkiste befestigte er an dem Halsband, das bereits auch seine Erkennungsmarke trug. Kurzentschlossen nahm er die Parabellum aus der Innentasche seiner Jacke.

»Sic vic pacem para Bellum – Willst du den Frieden, bereite den Krieg.« Dieses Lateinzitat aus den vergangenen Tagen des Gymnasiums ging ihm durch den Kopf. Er wickelte ein Handtuch um die Waffe, richtete sie auf den Oberschenkel und drückte ab. Dann wurde es dunkel um ihn.

Ende des ersten Buches

Anhang

Verzeichnis der handelnden Personen

Albert Kesselring, 1885–1960	Deutscher Heeres- und Luftwaffenoffizier, zuletzt Generalfeldmarschall und Oberbefehlshaber der Westfront
Otto Hitzfeld, 1898–1990	Deutscher Generalstabsoffizier, zuletzt Generalleutnant
Walther Lucht, 1882–1949	Deutscher Generalstabsoffizier, zuletzt Befehlshaber der 11. Armee, Generalleutnant
Hermann Emil Flörke, 1893–1979	Deutscher Generalstabsoffizier, zuletzt Generalleutnant und Kommandeur des 66. Armeekorps
Heinz Kokott, 1900–1976	Deutscher Generalstabsoffizier, zuletzt Kommandeur der 26. Volksgrenadierdivision, Schwager von Heinrich Himmler
Fritz Estor	Deutscher Generalstabsoffizier, zuletzt Chef des Generalstabes der 11. Armee
Linnemann	Deutscher Offizier, zuletzt Oberst, Chef der Versorgungs- bzw. Nachschubabteilung und Rückwärtige Dienste. Kampfkommandant Harz
Hans Roschmann	Deutscher Offizier, 1a im Generalstab der 11. Armee, zuletzt bis 1969 Militärattaché der BRD in Indien
Müller, Deutscher Offizier	zuständig für Feindlage im Generalstab der 11. Armee
Hans Heinrich Worgitzky, 1898–1969	Deutscher Generalstabsoffizier. 1945 Kommandeur der Kampfgruppe Worgitzky, ab 1957 Vizepräsident des Bundesnachrichtendienstes. General.
Weiß, Deutscher Generalstabsoffizier	diente in der 1 b Abteilung unter Oberst Linnemann

Major Laufenberger, Deutscher Offizier	Kampfkommandant für die Stadt Blankenburg
Major Nowakofski-Nüfer	Deutscher Offizier, Standortältester Regensteinkaserne Blankenburg
Oberfeldwebel Mudra	persönlicher Kurier des RFSS
Erich Kämpfert	Bürgermeister und Kreisleiter der NSDAP im Kreis Blankenburg, später dort Kreisdirektor (Landrat) bis 1945

Verzeichnis der Abkürzungen und Begriffe

OKW	Ober Kommando (der) Wehrmacht
GFM	Generalfeldmarschall
Horch	Hersteller von Luxusautos in Zwickau
OB	Oberbefehlshaber
AOK	Armee Ober Kommando
Oberst (i.G.)	Im Generalstab; besonderer Ausbildungs- und Karriereweg
1a	im Stab, Leiter der Führungsabteilung
1b	im Stab, Chef der Versorgungsabteilung
1c	im Stab zuständig für Feindlage, Nachrichtenoffizier
2a	pers. Ordonnanz des Oberbefehlshabers
Ordonnanzoffizier	Höheren Befehlshabern beigeordneter dienstgradniedriger Offizier in der Verwendung als persönlicher Referent
friendly fire	angelsächsische Bezeichnung für den irrtümlichen Beschuß eigener Kampfverbände
Peloton	Militärisches Erschießungskommando
OKH	Oberkommando (des) Heeres
Jabo	Jagdbomber
Gekado	Geheime Kommandosache
VGD	Volksgrenadierdivision
Korps	Militärischer Großverband mit mehreren Waffengattungen, übergeordnet ist die Armee
Division	Größerer militärischer Verband, unterstellt ist sie zumeist einem Korps
Volkssturm	Paramilitärische Organisation ab 1944 im Dritten Reich, zuständig für Schanzarbeiten, Sicherungsaufgaben und Verteidigung von Ortschaften, meist in unmittelbarer Heimat der Volkssturmmänner

Maginot Linie	Aus Bunkern bestehende Verteidigungslinie Frankreichs hauptsächlich entlang der Grenze zu Deutschland. Erbaut von 1930 bis 1940
Sloop	Englische Bezeichnung für kleinere Kriegsschiffe, dienten vorwiegend zum Geleitschutz und zur U-Boot Jagd
RFSS	Reichsführer (der) Schutz Staffel

Rangbezeichnung

Waffen-SS	Äquivalent Wehrmacht
Reichsführer SS	Generalfeldmarschall
SS Oberst Gruppenführer und Generaloberst der Waffen-SS	Generaloberst
SS Obergruppenführer und General der Waffen-SS	General der Waffengattung
SS Gruppenführer und Generalleutnant der Waffen-SS	Generalleutnant
SS Brigadeführer und Generalmajor der Waffen-SS	Generalmajor
SS Oberführer	kein Äquivalent
SS Standartenführer	Oberst
SS Obersturmbannführer	Oberstleutnant
SS Sturmbannführer	Major
SS Hauptsturmführer	Hauptmann
SS Obersturmführer	Oberleutnant
SS Untersturmführer	Leutnant
SS Sturmscharführer	Stabsfeldwebel
SS Stabsscharführer »Spieß«	Hauptfeldwebel »Spieß«
SS Hauptscharführer	Oberfeldwebel
SS Standartenoberjunker	Oberfähnrich
SS Oberscharführer	Feldwebel
SS Standartenjunker	Fahnenjunker-Feldwebel
SS Scharführer	Unterfeldwebel

SS Oberjunker	Fähnrich
SS Unterscharführer	Unteroffizier
SS Junker	Fahnenjunker-Unteroffizier
kein Äquivalent	Stabsgefreite
SS Rottenführer	Obergefreite
SS Sturmmann	Gefreiter
SS Oberfunker	Oberschütze
SS Schütze	Soldat

Weiterführende Literatur

Arbeitsgruppe Stadtgeschichte — »Die letzten Kriegstage im Bodfeld/ Harz«, Selbstverlag 1997

Breutel, R. — »Die letzten Kriegstage im Diakonissen-Mutterhaus Elbingerode«, Neuer Elbingeröder Harzbote 2005

Bock, E. — »Übergabe oder Vernichtung«, Halle 1993

Büchner, O. — Private Aufzeichnungen, Bremen 2005

Estor, F. — »Kämpfe der 11. Armee April 1945 in Mitteldeutschland«, unveröff. Manuskript

Dierks — »Erinnerungen an die letzten Kriegstage...«, Neuer Harzbote, ohne Datum

Fritze, E. — »Die letzten Kriegstage im Eichsfeld...«, Bad Langensalza 2002

Gellermann, G. — »Die Armee Wenk – Hitlers letzte Hoffnung«, Bonn 1997

Hoffmann, A. — »Die Oesigsiedlung und deren Rettung im April 1945«, Regenstein-Kurier 1995

Hipt op de, H. — »Die letzten Kriegstage in Elbingerode«, Neuer Harzbote o. D.

Jenner, M. — »Die Geschichte der 216./272. Infanterie-Division«, Eggolsheim 1964

Kesselring, A. — »Soldat bis zum letzten Tag«, Bonn 1953

Landkreis Wernigerode — »Kurzer Abriss der Geschichte der ehemaligen Grafschaft und des ehemaligen Landkreises Blankenburg«, o. D.

Möller, J. — »Der Kampf um den Harz April 1945«, Bad Langensalza 2011

Neander, J.	»Das Konzentrationslager ›Mittelbau‹ in der Endphase der nationalsozialistischen Diktatur«, Clausthal-Zellerfeld 1997
Nüchterlein, P.	»Das Kriegstagebuch der 83. infantry Division US Army«, Selbstverlag 1999
Nüchterlein, P.	»Erinnerungen deutscher Zeitzeugen«, Selbstverlag 1999
Pawel, A./Kruse, J.	»Drei Schlag: Hängen!«, Hüttenrode 2012
Roschmann, H.	»Erinnerungen eines kämpferischen Schwaben«, Eigenverlag 1985
Saft, U.	»Krieg in der Heimat - bis zum bitteren Ende im Harz«, Walsrode 1996
Schirmer, V./Zeitfuchs, R.	»Zeitzeugen«, Selbstverlag
Schramm, P.	»KTB des OKW (WfSt)« Bd. 4, Bonn o. D.
Schwarze, R.	»Lebenserinnerungen«, private Aufzeichnungen, 2007
Tessin, G.	»Verbände und Truppen der dt. Wehrmacht und Waffen-SS 1939-1945«, Osnabrück 1979
Ulrich, H.	»Die Infanteriedivision Potsdam«, Oschersleben 2012
Unger, C.	»Harzjuwel im Bodetal«
Unger, C.	»Das Kriegsende in Rübeland«, Neuer Harzbote, o.D.
Wagner, J.	»Konzentrationslager Mittelbau-Dora«, Göttingen 2007
Wirstorf, G.	»Heimat Blankenburg im Wandel der Zeiten«, o.D.

www. Panzer-Archiv.de